KB105198

청소년을 위한
마지막 강의

청소년을 위한
마지막 강의
THE LAST LECTURE FOR TEENS

윤 승 일 지음

살림Friends

청소년의 미래를 안내할 황금나침반

가장 짧은 기간에 가장 많은 사람들이 들었던 강의가 있습니다. 그 주인공은 암으로 세상을 떠나기 얼마 전 대학 고별 강의를 빌어 생애 마지막 강의를 했던 랜디 포시(Randy Pausch)입니다. 그의 강의는 수십 개국 언어로 번역되었고 인터넷을 통해 수천만 명이 보았다고 합니다.

'당신의 어릴 적 꿈을 진짜로 이루기(Achieving Your Childhood Dreams)'라는 주제로 건강한 삶과 미래의 이야기를 들려주었던 그 70여 분의 강의에서 나는 '꿈과 시간의 법칙'을 깨닫게 되었습니다. 그 법칙과 내용은 이 책의 랜디 포시 편에 자세히 적었습니다.

그는 죽음을 앞두었다는 것 말고는 특별한 사람이 아니었습니다. 노벨상을 탔다거나 정치 고위직에 발탁된 것도 아니었고, 어마어마한 유산을 사회에 환원한 것도 아니었습니다.

평균적인 수명을 누렸다면 이 모든 일을 해냈을지도 모르지만 그의 삶은 미완인 채로 온점을 찍었습니다. 그러나 놀라운 점은 그가 꿈에 대해서만큼은 누구보다 완성된 인간이었다는 것입니다. 그는 한마디로 '꿈의 배낭여행가'였습니다.

세계를 돌고 온 배낭여행가의 이야기를 듣고 나니 몸이 근질근질해지더군요. 나도 꿈의 여행을 떠나 보고 싶었으니까요. 내가 떠나고 싶은 곳의 지명을 써 보라면 이렇습니다.

'우리 시대의 멘토를 한 원탁에 앉혀 놓고 육성을 듣고 싶다.'

나는 청소년 시절에 멘토를 가져 본 적이 없습니다. 그렇게 청년 시절까지 다 보냈는데 이제 와 자의 반 타의 반 그 책무를 떠안았습니다. 나는 그동안 사춘기에 접어든 조카부터 대학 입시로 고생하는 십대 후반의 녀석들, 취직을 앞둔 이십대 사촌까지 그들의 친척이면서도 그들에게 아무런 역할도 해 주지 못한 것에 대해 미안한 마음을 가지고 있었습니다.

내가 안 된다면 대신 그만한 역할을 할 수 있는 멘토들을 원탁에다 모셔 놓으면 될 것 같았습니다. 이 푸른 세대들이 멘토와 함께 원탁에 둘러앉아 잠시나마 함께할 수 있다면 얼마나 용기를 얻을 수 있겠습니까. 십대의 중심에서 외칠 것이 많을 민지와 동혁이가 이 책의 첫 번째 주인입니다.

십대에게 도전이란 무엇인가, 왜 리더십이 필요한가, 어떻게 나의 재능을 찾아낼 것인가, 어려운 환경을 극복할 수 있는 방법은 무엇일까, 남들이 쓸데없다고 생각하는 일에서도 가치 있는 것을 발견할 수 있을까, 인간이 아름답기 위한 조건은 무엇일까, 왜 역사를 알아야 하는가, 꿈과 시간 사이에는 어떤 법칙이 있을까. 이러한 질문에 대한 멘토들의 따스한 조언을 들으면 곰곰이 생각해 볼 기회가 될 수 있을 것 같았습니다.

사실 이 꿈은 누군가의 목소리가 간절하게 필요했던 나의 청소년 시절 경험에서 비롯되었습니다. 나는 스스로를 치유하는 과정에서 어떤 십대라도 위로받을 자격이 있음을 알았습니다. 지금 당장 우리 시대 멘토들의 이야기를 들을 자격부터 주어야 한다는 것도 말입니다.

그러니까 이 책은 내가 8개월 가까이 꿈의 배낭여행을 떠난 기록이라고 할 수 있습니다. 우리 시대 멘토들을 인터뷰하며 다음 꿈의 여행지도 이미 계획해 두었습니다. 그리고 훨씬 전에 이 꿈을 이루었다면, 나의 삶역시 좀 더 많이 변화되었으리라는 아쉬움과 지금도 늦지 않았다는 희망을 동시에 얻었습니다.

이 책에 등장하는 우리 시대의 멘토들은 모두 현재 우리나라를 움직이는 큰 인물이자 가장 열정적으로 일하는 분들입니다. 엄홍길 대장님, 안철수 교수님, 성악가 조수미님, 이어령 교수님, 박원순 상임이사님, 김순권 교수님, 이이화 교수님, 바쁜 시간을 내어 인터뷰에 응해 주신 일곱 분께 정말 감사하다는 말씀을 전합니다. 이제 책에서뿐만 아니라 실제로 이분들이 한자리에 앉아 우리 미래 세대들을 위해 대담을 나누는 꿈을 꾸게 됩니다. 이 꿈도 꼭 이루고 싶습니다.

마지막으로 멘토 랜디 포시 교수는 더 이상 아버지를 느끼지 못할 아이들에게 『마지막 강의』라는 선물을 남겼습니다. 어쩐지 책을 쓰는 동안 비장한 마음이 들어 나의 쌍둥이 아이들 희나와 유상이를 자주 떠올렸습니다. 이 책이 곧 십대의 파도를 타게 될 나의 아이들에게 아버지가 선물하는 서핑보드가 되기를 바랍니다.

국내에서 출간된 『마지막 강의』에서 번역가는 당시 마지막 사투를 벌이고 있던 랜디 포시에게 기적이 일어나길 바란다고 후기에 썼습니다. 대신 나는 다시 한 번 고인의 명복을 빌겠습니다. 그리고 꿈의 정체를 재발견할 수 있도록 안내해 준 그에게 살아 있는 지구인들을 대신해 진심으로 감사드립니다.

Contents

Lecture 01　　산악인 엄홍길

날마다 도전하는 습관

파키스탄, 인도 북부, 부탄 시킴, 네팔 티베트 남부까지 걸쳐진 히말라야 산맥은 세상에서 가장 높은 산들이 모여 있다고 해서 '세계의 지붕'이라 불립니다. 세계 최고봉인 에베레스트를 비롯해 안나푸르나, 낭가파르바트, K2 등 무려 8,000미터가 넘는 봉우리들이 20개 이상 밀집해 있습니다. 이 중에서 가장 높은 14개 독립 봉우리를 14좌로 명명하고 내로라하는 세계의 산악인들이 차례차례 도전장을 내밀었습니다.

세계 최초로 14좌를 완등한 산악인은 이탈리아의 라인홀트 메스너였습니다. 인간이 육체만을 사용해 극한까지 밀어붙여야 가능하다는 14좌 완등에 성공한 사람은 전 세계적으로 14명에 불과합니다. 10년, 20년의 시간을 견뎌 완성되는 길고 고된 작품이기 때문에 국가의 명예를 드높이는 상징적인 일이 될 정도지요.

여섯 번째 등반가인 후아니토 오이아르자발은 바스크 족입니다.

바스크 족은 스페인으로부터 독립을 꿈꾸고 있었는데, 그의 14좌 완등이 200만 동포들의 민족적 자긍심을 높여 주었습니다. 한국에도 자랑할 만한 세계적인 산악인이 있습니다. 세계에서 여덟 번째, 아시아에서는 최초로 14좌를 오른 엄홍길 대장입니다.

그는 UN사무총장부터 어린이들까지 '엄홍길 대장님'이라고 부릅니다. 엄홍길 대장은 1986년 첫 히말라야 등정을 시작해 1988년 에베레스트 정상을 밟았습니다. 2000년 7월 K2를 끝으로 14좌를 완등하는 데 걸린 시간은 무려 16년이었습니다.

16년 만의 쾌거를 이루기까지 그의 삶은 도전 그 자체였습니다. 일 년의 반은 히말라야에서 사투를 벌이며 정상을 향해 오르고 있었다고 할 수 있습니다. 열네 곳의 정상을 밟는 동안 그는 더 많은 횟수의 실패를 겪어야 했습니다. 8,000미터 히말라야 고봉에 도전한 것은 총 서른여덟 번이지만 정상에 발을 디딘 것은 스무 번입니다. 악천후로 정상을 바로 코앞에 두고 내려온 적도 여러 번입니다.

히말라야 등정은 준비기간만 몇 달이 걸립니다. 한 번 등정할 때마다 소요되는 경비도 수억 원에 달하고 수십 명의 인원이 꾸려져야만 시작할 수 있습니다. 게다가 너무 위험한 일이라 목숨을 잃는 사고도 적지 않게 일어납니다. 따라서 한 번 실패하면 이러한 어마어마한 노력들이 모두 수포로 돌아가는 고통을 겪어야 합니다.

엄홍길 대장은 절벽에서 떨어져 죽을 뻔한 적도 있었고, 발목이 180도 돌아가는 부상을 입기도 했으며, 동상에 걸려 발가락을 잘라 내기도 했습니다. 하산하는 동안 '더 이상은 못 가겠다. 차라리 이대로……' 하는 심정이 든 것도 한두 번이 아니었습니다. 그러나 그 무엇보다 견딜 수 없는 것은 등정한 동료와 함께 내려오지 못할 때였습니다. 형제 같은 동료를 잃은 슬픔으로 몇 해나 산을 오르지 못한 적도 있었습니다. 엄홍길 대장은 이런 역경을 열네 번이나 딛고서야 14좌 완등의 위업을 이룰 수 있었던 것입니다.

14좌를 완등한 후에도 그는 멈추지 않았습니다. 아무도 도전하지 않았던 일에 또 한 번 자신을 던졌습니다. 14좌로 인정받지 못하지만 엄연히 8,000미터급인 두 개의 봉우리, 얄룽캉과 로체샤르를 오름으로써 세계 최초로 16좌를 완등하게 된 것입니다.

마지막으로 로체샤르는 네 번째 도전 만에 정상을 밟았습니다. '히말라야의 사나이', '최고의 산악인'으로 인정받는 그도 마지막 봉우리를 오르는 데 세 번이나 실패하며 고배를 맛봐야 했습니다.

이제 우리는 그에게서 이렇게 대단한 일을 가능하도록 만든 게 무엇인지 알아보고자 합니다. 엄홍길 대장처럼 내가 세운 목표를 달성하기 위해서는 어떤 도전을 해야 할까요?

엄홍길 대장에게 배우는 날마다 도전 모드

무엇이든 도전이다

히말라야의 7,000~8,000미터 지점은 산소량이 지상의 3분의 1밖에 되지 않아 숨을 쉴 때마다 고통스럽다고 합니다. 시속 200킬로미터가 넘는 제트 기류가 수시로 돌풍을 일으키기 때문에 암벽에 붙어 있다 휘말리기라도 하면 추락을 면치 못합니다. 8,000미터 지점부터 정상까지는 암벽인 데가 많아 경사면을 따라 올라가다가 자칫 고개라도 잘못 들면 그대로 끝 모를 바닥으로 떨어져 버리는 것입니다.

눈사태를 예상하지 못하고 텐트 칠 자리를 잘못 고르기라도 할 때엔 하룻밤 사이에 흔적도 없이 사라져 버립니다. 고글을 쓰지 않으면 눈에 반사된 자외선이 너무 강력해 시력을 잃게 될 수도 있습니다. 기온은 늘 영하 40도를 밑돌기 때문에 자신도 모르는 사이에 동상에 걸리는 일은 흔하디흔한 일입니다.

눈으로 살짝 덮여 있는 크레바스(crevasse, 빙하 속의 깊은 균열)는 히말라야의 무서운 함정입니다. 발을 잘못 디디면 깊이를 가늠할 수 없는 틈새에 묻히고 맙니다. 대체 왜 목숨을 걸고 이렇게 높고 위험한 산을 오르느냐는 질문을 받을 때마다 엄홍길 대장은 이렇게 되묻습니다.

"당신은 왜 삽니까?"

우리는 대부분 막상 이런 질문을 받으면 말문이 막힐 것입니다. 내가 사는 이유가 뭔지 좀처럼 생각할 기회가 없었을 테니까요. 그에게 등정은 삶의 조건도, 목표도 아닙니다. 그저 삶 자체입니다.

우리가 평지에서 사는 것처럼 히말라야를 오르는 삶 또한 다를 것이 없습니다.

모든 삶은 도전이라는 것을 엄홍길 대장은 몸으로 웅변해 왔습니다. 산을 오르는 일이 삶이라면 그러한 삶을 삶답게 만드는 것은 도전이라는 것을요. 그에게서 오늘 우리가 얻어야 할 엄홍길 대장의 강의 주제는 바로 '도전과 도전정신' 입니다.

"세상을 바꾸기 위한 위대한 도전이 시작되었다."

"지금도 그는 끝없는 도전의 삶을 살고 있다."

"그의 도전은 영원할 것이다."

이처럼 도전이라는 단어 앞에는 으레 거창한 수식어가 따라붙습니다. '위대한', '끝없는', '영원한' 이처럼 과장된 표현에 주눅부터 들지 모르겠군요. '도전이라는 건 아무나 하는 게 아닌가 보다.' 하며 거부감마저 생길 법합니다. 그래서 이 말을 바꿔 보겠습니다. '끝없이, 영원히' 도전한다는 무시무시한 말을 조금만 순화시켜 보면 이렇게 달라집니다.

"도전을 쉬지 않는 것."

"습관이 되는 날마다 도전 모드."

이렇게 바꿔 보니 화려한 광채로 번득이던 단어가 퇴색되는 듯합니다. 도전을 밥 먹듯이 해서 습관으로 만들라니 말입니다. 그래서 시시해진다고요?

도전이 삶이었던 엄홍길 대장은 도전의 가치에 대한 명백한 구분을 해 주었습니다. 지금 발 딛고 있는 현실에서 현실 밖으로 한 걸음, 한 발짝이라도 내딛는다면 그것은 도전이라고 말입니다. 중요한 것은 그것이 도전인가 아닌가 하는 것이지, 얼마나 멀리 나아갔느냐가 아니라고 말입니다.

일상생활에도 날마다 이런 활동이 일어나고 있습니다. 우리는 난이도가 높아 풀기 어려운 문제보다는 평범한 문제들에 주력합니다. 지원하는 대학에 입학할 정도의 점수만 얻으면 되니까요. 골머리 썩히는 어려운 문제보다 시험에 나올 예상문제를 하나 더 푸는 게 더 나은 전략이라고들 합니다. 우리는 공부를 그렇게 하고 있습니다.

여기에는 도전이 없습니다. 어려운 문제를 그냥 넘기지 않고 밤을 새워서라도 풀어 보려고 할 때부터 도전은 시작됩니다. 그러기 위해서는 더 많은 시간을 책상에서 싸워야 합니다. 관련된 지식도 더 쌓아야 합니다. 그렇게 풀게 된 문제 하나로 인해 삶 전체가 바뀌는 경우도 있습니다.

일본의 수학자 히로나카 헤이스케〔廣中平祐〕는 고교 시절 기하학 문제 하나로 애를 먹은 적이 있었습니다. 그는 이 문제를 푸는데 2주일을 쏟아부었습니다. 밥을 먹을 때나 잠을 잘 때나 길을 걸을 때도 오직 그 문제만을 생각했습니다. 문제를 푸는 데 골몰하다 전봇대에 머리를 부딪치기까지 했습니다. 그러다 마침내 증명할 해법을 찾아내자 말로 표현할 수 없는 기쁨을 느꼈다고 합니다. 도전에 도전을 거듭해 풀어낸 문제 하나가 훗날 수학자의 길로 들어서게 한 단초가 된 것입니다.

헤이스케는 대학 시험을 보기 전날까지 아버지와 함께 일을 해야 했을 정도로 집으로부터 아무런 지원을 받지 못했습니다. 그러나 우여곡절 끝에 입학한 대학에서 또 한 번 '특이점 해소'라는 수학 난제에 매달렸습니다. 고등학교 시절의 기억이 되살아났습니다. 문제를 풀었을 때 느꼈던 그 희열을 만끽하고 싶었습니다.

논문을 쓰는 동안 설레는 마음은 도전의 2주일을 보냈던 소년의 마음으로 돌아가 있었습니다. 드디어 도전을 마쳤을 때 그는 수학의 노벨상이라고 불리는 필즈상(Fields Medal)을 수상했습니다. 세계적인 수학자의 길로 들어서게 한 결정적인 계기는 바로 쉽게 풀리지 않던 수학 문제를 끝까지 풀어 본 것이었습니다.

우리는 대개 진정으로 멘토로 삼고 싶은 사람이 있어도 한발 다가서는 것을 주저합니다.

"그렇게 대단한 사람이 나를 만나 주겠어? 바쁠 텐데 이메일에 답장이나 줄까? 어림도 없겠지?"

지금 당장 멘토에게 조언을 구하는 이메일을 보내세요. 그것 역시 도전입니다. 도전이란 그렇게 어려운 것도 복잡한 것도 아닙니다.

프랑스의 문학가 로맹 롤랑(Romain Rolland)은 20대 초반에 작가가 되기로 결심하고 안정된 직장이었던 교사직을 그만두었습니다. 하지만 자신의 앞길을 격려해 주는 사람 하나 없이 고정된 밥벌이도 없는 상태에서 글만 쓰자니 너무 불안해서 견딜 수가 없었죠. 외로움도 극에 달했습니다. 그때 그가 한 일은 지푸라기 잡는 심정으로 세계적인 작가 톨스토이에게 편지를 쓰는 것이었습니다.

간절하고 절실한 마음을 담아 편지를 보냈지만 굳이 답장을 받겠다는 목적은 아니었습니다. 당시 상황으로는 기대할 수도 없었던 일이라 편지를 보내고 나서는 잊어버렸죠. 여전히 외롭고 불안에 시달리는 나날은 계속되었습니다.

그런데 얼마 후 놀라운 일이 일어났습니다. 톨스토이가 발신인으로 되어 있는 두툼한 편지 한 통이 도착한 것입니다! 무려 28장이 넘는 답장이었습니다. 그 편지글은 세계적인 대문호가 생면부지의 문학도에게 보내는 아낌없는 격려와 용기로 가득 차 있었습니다. 톨스토이의 편지는 로맹 롤랑의 삶을 변화시키는 데 큰 역할을 했습니다. 간단한 도전으로 그는 문학 인생의 커다란 버팀목을 얻었고, 훗날 마침내 노벨문학상의 영예를 안았습니다.

엄홍길 대장은 어려운 수학 문제 풀기에 도전하기, 자신이 닮고 싶은 사람(역할 모델)에게 이메일 보내기, 평소에 하지 않았던 집안일하기, 친구에게 칭찬하기, 아침에 5분 일찍 일어나기, 한 페이지 더 공부하기 등과 같은 작고 흔한 일들이 모두 도전이 될 수 있다고 말합니다. 도전은 우리 인생에서 매일 모래알처럼 빠져나가는 시간과 교환할 만한 가장 값어치 있는 재산을 모으는 것과 같습니다.

이제 날마다 도전을 생각해 보세요. 그리고 자신에게 물어보세요. "나는 오늘도 도전하고 있는가?"

도전을 습관적으로 하는 것이야말로 끝없는 도전일지 모릅니다. 도전 모드를 지속시키는 한 우리에게 실패란 없습니다. 도전하지 않는 삶이야말로 완벽한 실패라고 할 수 있습니다. 도전 노트를 마련하고 목록을 만들어 보는 건 어떨까요? 은행에 돈을 저금하듯 도전 노트에 도전을 저금하세요. 아무리 사소한 일이라도 괜찮습니다. 도전하려는 영역의 금이라도 밟았다면 기록해 두세요. 그것만으로도 도전이라고 할 수 있습니다. 내 도전의 흔적이 쌓여 갈수록 삶은 조금씩 달라질 것입니다.

최대의 적은 실패를 두려워하는 것이다

우리가 도전을 두려워하는 것은 실패라는 결과 때문입니다. 실패는 성공의 어머니라지만 그런 어머니의 슬하에서는 매일 가출소동이 일어날 것입니다. 실패를 어머니로 두다니요. 그만큼 실패로 말미암아 예기치 않은 결과를 얻은 경험은 마음속에 큰 충격으로 남게 마련입니다. 같은 실패를 반복하지 않았다면 둘 중 하나입니다. 다음엔 성공했거나 또 실패할까 봐 더 이상 도전하지 않았거나.

과연 실패는 얼마나 두려운 것일까요? 사실 실패 그 자체보다는 그 다음에 자신을 잡아먹을 듯이 줄을 서 있는 여파가 두려운 것이지요. 비난과 조롱과 막대한 손실 같은 것들 말입니다. 그래서 사람들은 실패한 경험은 깊숙이 감추어 놓거나 어디엔가 몰래 버려 버립니다.

이때 실패를 유기하는 것은 죄가 아니라고 여깁니다. '잊자. 잊어 버리자.'라고 생각하면 뭔가 새롭게 시작할 수 있을 것 같습니다.

그런데 왜 이렇게 마음이 무거운 것일까요? 손을 탈탈 털어 버리고 난 뒤에도 남는 것이 있습니다. 상처 말이죠. 깨끗이 지운 것 같은데 때때로 비슷한 일을 할 때 트라우마(외상후 스트레스장애)처럼 그때 일이 떠올라 상황을 지배해 버립니다. 또 실패할지도 모른다는 두려움이 순식간에 우리의 손발을 묶어 버리죠.

우리가 실패라는 것을 잘 다루지 못하는 것은 이와 같은 실수를 반복하기 때문입니다. 실패가 고스란히 보존된다는 것을 무시하기 때문입니다. 상처와 고통만큼은 아무리 버리려고 해도 앙금처럼 남아 있습니다. 그것들은 결코 없어지지 않습니다. 이를 '실패 보존의 법칙'이라고 한다면 '실패 보존의 법칙1'은 이렇습니다.

"실패의 경험은 지울 수 있어도 상처 입은 마음은 지울 수 없다."
"실패의 경험을 뿌리 뽑지 않으면 언제라도 되살아날 수 있다."

4전5기의 신화, 안나푸르나 등정

'실패 보존의 법칙1'은 실패를 부정적인 채로 보존하는 것입니다. 하지만 '실패 보존의 법칙2'는 전혀 다릅니다. 지금부터 엄홍길 대장이 어떻게 그 법칙을 실현하고 있는지 살펴보겠습니다. 먼저 4전5기라는 말을 떠올려 보세요.

4전5기라는 말은 7전8기 다음으로 많이 쓰입니다. 왜 하필 3전4기나 5전6기가 아니라 4전5기일까요? 그건 아마도 네 번이 가장 현실적인 도전 횟수이기 때문일 것입니다. 사람이 극심하게 포기의 유혹을 느낄 때가 바로 네 번 실패할 때라고 합니다. 대학에서도 재수생, 삼수생은 흔하고, 사수생을 보면 "우와!" 하며 대단하게 여깁니다. 그러나 오수생을 발견하기는 힘듭니다. 다섯 번째 도전이 그만큼 힘들다는 것이죠.

4전5기의 대표적인 사례로 전 복싱 챔피언 홍수환 선수를 들 수 있습니다. 1977년 카라스키야 선수와의 챔피언 결정전에서 홍수환 선수는 네 번이나 다운되었다가 다섯 번째 일어나 상대를 KO 시켰습니다. 말 그대로 드라마 같은 명승부였습니다. 4전5기의 신화가 단 몇 분 만에 일어났기 때문에 어쩌면 더욱 극적이었는지도 모릅니다.

엄홍길 대장은 안나푸르나의 첫 등정에 실패한 후 세 번을 더 실패하고서야 다시 도전해 정상을 밟을 수 있었으며 그렇게 되기까지 무려 10년의 세월을 참고 기다렸습니다. 안나푸르나 첫 등정 때 그는 자신감에 넘쳐 있었습니다. 젊은 나이에 최고봉 에베레스트를 오른 후라 겁나는 게 없었죠. 9,000미터 산이 있다면 그것도 훌쩍 넘을 수 있을 것 같았습니다. 그는 당시 자만심에 차 있었다고 회고했습니다.

첫 등정에 실패하고 다시 도전했지만 안나푸르나는 그를 받아들이지 않았고 그 다음해 세 번째 도전마저 무위로 돌아갔습니다. 그동안 다른 8,000미터 봉우리들은 그의 손을 잡아 주었지만 안나푸르나만은 유독 그를 집요하게 괴롭혔습니다.

네 번째 도전은 그의 등반 인생의 갈림길이 되고 말았습니다. 정상을 고작 500미터 남겨 두고 있을 때였습니다. 날씨도 쾌청해서 이대로라면 몇 시간 뒤엔 정상을 밟을 수 있을 것 같았죠. 그런데 셰르파(티베트계 네팔 인을 이르는 말. 에베레스트 산 남쪽에 거주하며 각국 등정에 고용되면서 유명해졌다.)가 크레바스에 빠지면서 큰 부상을 입고 말았습니다. 엄홍길 대장 역시 추락하는 셰르파를 구하려다 발목이 180도로 돌아가는 엄청난 부상을 입었습니다. 발목에 로프가 감기는 바람에 발등이 다 드러날 정도로 상처가 심했고 고통이 끔찍했지만 그 와중에도 로프를 놓지 않았기에 셰르파의 목숨을 건질 수 있었습니다.

대신 눈앞의 정상은 점점 멀어져 보였습니다. 눈물이 가득 차 시야가 부옇게 흐려지자 고개를 돌리지 않을 수 없었습니다. 더 큰 문제는 큰 부상을 입은 셰르파를 데리고 하산하는 일이었습니다. 내려가는 길은 사투나 다름없었습니다. 둘 다 몸이 정상이 아닌 데다 엄홍길 대장은 셰르파를 부축해야 하는 처지였습니다. 손만 뻗으면 닿을 것 같던 정상을 두고 돌아서야 한다니. 억장이 무너지는 심정과 하산하다 죽게 될지도 모른다는 공포가 뒤엉킨 절체절명의 위기 상황에서 그는 이를 악문 채 중얼거렸습니다.

"어떻게든 살아서 내려가자. 그리고 다시는 올라오지 말자."

그는 간신히 살아 돌아왔으나 발목에 철심을 수십 개나 박는 대수술을 해야 했습니다. 의사는 부상이 너무 심각하다며 고개를 가로저었습니다. 앞으로 더 이상 산에 오르기 어려울 거라는 진단을 내린 것이죠. 산에 오르지 못한다는 것은 등반가로서의 생명이 끝났다는 선고나 다름없었습니다. 그때 세상에는 "이제 엄홍길은 끝났다."는 말이 돌았습니다.

이 네 번째 도전에서 엄홍길 대장은 실패로 맛봐야 할 쓴맛은 다 본 셈입니다. 너무도 아쉬운 실패, 부상으로 입은 장애 그리고 재기가 불가능하다는 선고, 자신을 애처롭게 바라보는 복잡한 눈길들. 여기서 포기했더라면 지금의 엄홍길은 존재하지 않았을 것입니다.

"14좌를 오를 기대주였으나 안나푸르나에서 입은 부상으로 꿈이 좌절된 불운한 산 사나이."

이렇게 기록되는 것을 끝으로 그의 이름은 사라져 버렸을 것입니다. 그러나 그는 '실패 보존의 법칙2'를 선택했습니다. 그래서 그는 몇 년 후 이렇게 기록될 수 있었습니다.

"세계 여덟 번째, 아시아 최초로 히말라야 14좌를 완등한, 대한민국 산악계의 쾌거, 백절불요의 산 사나이 엄홍길!"

"큰 부상 딛고 인간의 한계를 극복한 엄홍길, 운명을 자신의 편으로 만들다!"

실패를 온몸으로 받아들여야 성공할 수 있다

좌절에 빠져 있을 줄 알았던 엄홍길 대장은 스스로 재활 훈련을 시작했습니다. 다시 걷기 위해서가 아니었습니다. '다시 오르기 위한' 재활 훈련이었습니다. 걷는 것도 힘에 부쳐 절뚝거리는 사람이 8,000미터 봉우리를 다시 오르겠다고 하니 보기에 딱할 뿐이었습니다. 애처로운 재활. 그가 훈련에 매달릴수록 사람들에게는 무모하게 비쳐졌을 것입니다.

이즈음엔 그에게 큰 변화가 일어났습니다. 누구도 눈치채지 못했지만 엄홍길 대장은 이전과는 다른 사람이 되어 있었습니다. 물론 몸도 망가지고 정신도 황폐해졌을 테니 이전과는 달라졌다고 할 수 있겠죠. 그러나 진정 달라진 것은 눈에 보이는 것들이 아니었습니다. 엄홍길 대장은 그동안의 실패에서 한 가지 깨달음을 얻었습니다.

'지금까지 나는 너무도 큰 자만에 빠져 있었다. 정상을 밟고 서는 것만이 의미를 남긴다고 생각했다. 속된 욕망이 산과 나를 늘 구분 짓고 있었다. 정상을 밟을 때마다 마치 내가 산을 이긴 것처럼 굴었다. 스스로 겸허해지지 않으면 안나푸르나는 또다시 길을 열지

않을 것이다. 산을 받아들여야 한다. 내가
산이 되어야 한다. 산과 하나가 되려는
노력은 겸허한 자세에서만 비롯된다.'

또 이렇게도 생각했습니다.

'그동안 나는 안나푸르나에 실패했는
가? 그건 실패가 아니었다. 안나푸르나는 나에게 가르쳐 준 것이
다. 7,600미터까지 도달했다는 것을.'

안나푸르나의 실패로 좌절과 악몽에 시달리고 있었던 엄홍길 대
장은 이 깨달음을 통해 위기를 극복했습니다. 실패를 잊어버리는
대신 철저하게 받아들이고, 그 속에서 자신을 완전히 발가벗기자
기적 같은 일이 일어난 것입니다. 그동안 그의 자만심이 얼마나 많
은 실수를 빚었고 불안정한 등반을 야기했는지 철저하게 분석하게
된 것입니다.

실패를 온몸으로 끌어안고 재활 훈련을 시작한 지 5개월 만에
회복의 기미가 보이기 시작했습니다. 물론 여전히 정상적인 상태가
아니었으므로 다시 산에 오르는 것은 무리였습니다. 그가 안나푸르
나에 재도전하겠다고 선언하자 모두들 만류했습니다. "그런 몸으

로 산을 오르는 것은 자살 행위다." 심지어는 "미쳤다."고까지 했습니다. 하지만 엄홍길 대장은 안나푸르나를 정복하는 것을 목적으로 하지 않았습니다. 안나푸르나를 느끼고 그만큼의 경외심을 얻고 싶었습니다.

1999년 봄, 안나푸르나 첫 등정을 시도한 지 10년이 흘러서야 엄홍길 대장은 정상에 섰습니다. 산은 늘 같은 산이었지만 그는 완전히 다른 사람이 되어 있었습니다. 그가 보는 산도 달라져 있었습니다. 산을 더 많이 느끼고 더 잘 알게 되었습니다. 산의 내면을 보기 시작한 것입니다. 그래서 정상에 섰을 때 "내가 안나푸르나를 이겼다!"고 외치지 않았습니다. 그는 이렇게 흐느꼈습니다.

"안나푸르나 여신이여, 감사합니다."

네 번의 안나푸르나 등정 실패는 실패가 아니라 과정에 불과했습니다. 실패의 경험은 차곡차곡 고스란히 쌓여서 실패를 거듭할 때마다 좀 더 높은 곳까지 도달하게 했습니다.

엄홍길 대장은 실패란 없다고 단언합니다. 그리고 그것은 결코 사라지지 않으며 그대로 보존된다고 합니다. 마치 자신의 말을 증명이라도 하듯 열네 번의 정상을 오르는 동안 열네 번 실패했습니다. '실패 보존의 법칙2'는 이렇게 말할 수 있습니다.

"성공에는 실패가 똑같은 비율로 섞여 있다. 그러므로 실패가 없는 성공은 존재하지 않는다."

실패를 받아들여 성공을 이룬 사람들

실패는 누구에게나 두려운 것입니다. 실패를 부정적인 것으로 볼지 긍정적인 것으로 보존시킬 것인지는 순전히 우리들의 선택에 달려 있다고 했습니다. 그렇다면 실패를 내 것으로 받아들이는 쪽을 선택하는 사람은 얼마나 될까요?

세상에는 엄홍길 대장처럼 '실패 보존의 법칙2'를 증명해 보인 사람들이 많습니다. 그들은 실패의 껍데기를 외면하여 두려움만 증폭시키는 대신 실패를 온몸으로 끌어안아 실패를 자신의 일부로 삼았습니다.

100년 전 이탈리아 경제학자 파레토는 인구의 20퍼센트가 전체 부(福)의 80퍼센트를 차지하는 이상한 결과를 발견했습니다. 그런데 이러한 현상이 다른 나라에도 똑같이 나타났습니다. 더 놀라운 건 어디에서도 이런 결과가 발생한다는 것입니다. 회사에서는 20퍼센트의 사원이 80퍼센트의 매출을 올리고, 내가 아는 20퍼센트의 사람들에게서 80퍼센트의 도움을 받습니다.

우리가 '파레토의 법칙(Pareto's law)'이라고도 부르는 '80대20 법칙'은 이 경우에도 적용됩니다. 우리 인생의 80퍼센트는 실패의 연속이라고 합니다. 성공한 사람들은 고작 20퍼센트의 성공만으로 이름을 날린 셈입니다. '실패 보존의 법칙2'보다 훨씬 더 강화된 비율이라고 할 수 있습니다.

고작 20퍼센트의 성공률이라고 하지만 거기엔 80퍼센트의 실패가 함께 공존합니다. 성공한 사람들의 성공을 해부해 보면 거의 대부분 실패로 뒤덮여 있는 셈입니다. 회사도 마찬가지입니다. 한 회사가 추진하는 10개의 프로젝트 중 2개만 성공해도 전체 프로젝트를 성공했다고 말합니다. 딱 20퍼센트인 것이죠.

더 놀라운 사실은 실패를 긍정적인 힘으로 승화시키는 사람 역시 20퍼센트밖에 되지 않는다는 것입니다. 누구나 머릿속으로는 실패를 긍정적으로 받아들여야 한다고 생각하면서도 실패에 좌절하고 마는 것이 인지상정입니다. 내 인생의 80퍼센트가 실패로 이루어지리라는 것을 받아들이면 성공할 확률은 80퍼센트가 되는 셈입니다.

에디슨이 만든 발명품은 수백 가지가 넘습니다. 축음기, 전구, 축전지를 비롯해 그의 발명품은 인류의 삶을 획기적으로 개선시켰습니다. 정말이지 혁신적인 발명가를 넘어 생활의 혁명가라고 불러야 할 것입니다. 여러분이 잘 아는 제너럴일렉트릭이라는 미국의 유명한 회사는 에디슨이 세운 전기 회사가 전신입니다.

그는 역사가 기록하는 최고의 발명가이지만 최대의 실패자이기도 했습니다. 실패를 밥 먹듯이 했다고 해도 과언이 아닐 정도였습니다. 그러나 우리가 그를 위대한 발명가로 기억하는 것은 바로 20퍼센트, 아니 10퍼센트도 안 될 성공작들 때문입니다. 그럼에도 불구하고 그는 자기 인생에서 실패는 단 한 차례도 없었다고 했습니다. 그러니까 에디슨은 '실패 보존의 법칙2'를 가장 잘 실천한 사람이라고 할 수 있죠.

한번은 에디슨이 멘로파크의 연구소에서 실험을 했는데, 참여했던 연구원들은 모든 실험이 100퍼센트 망했다며 허탈해하고 있었습니다. 그때 에디슨이 들어와 실험 과정과 결과에 대한 이야기를 진지하게 경청했습니다. 그러고는 이렇게 말하는 것이었습니다.

"실패가 아니군. 아주 좋은 교훈이야. 다음 작업을 생각한다면 말이지."

세월이 흘러 회사를 키운 에디슨은 축음기 공장을 크게 지었는데, 그 공장이 엄청난 화재로 완전히 소실되고 말았습니다. 그건 그의 꿈이었고, 가장 획기적인 발명품 중 하나가 만들어지던 곳이었습니다. 불타는 건물을 지켜보던 아버지가 혹시라도 쓰러질까 염려되었는지 아들이 옆에서 떠날 줄을 몰랐습니다. 에디슨은 아들을 돌아보며 말했습니다.

"어머니를 모셔 와라. 평생 이런 불구경을 언제 또 보겠니."

그는 이 대재앙을 실패로 받아들이지 않았습니다. 건물이 불타고 있을 때 오히려 그는 이런 생각을 했다고 합니다.

'화재가 난 김에 현대식 공장 설계의 최고 권위자인 헨리 포드의 방식을 따라 새로 공장을 지으면 축음기 발명이 훨씬 더 앞당겨질 거야.'

에디슨이 축전지를 개발하는 데 일 년이 지나도록 진척이 없자 동업자는 화가 났습니다. 왜 성과도 없는 축전지 발명을 그렇게 고

집하느냐고 따졌죠. 에디슨은 이렇게 말했습니다.

"아, 성과 말인가? 사실 대단한 성과가 있었지. 수천 가지 모두 성과가 없다는 실험 결과를 얻지 않았나."

모건 프리먼이라는 미국 배우는 〈드라이빙 미스 데이지〉라는 영화에서 노년의 운전사 역을 맡으며 호평을 받고 세간의 관심을 얻었습니다. 이후에는 〈쇼생크 탈출〉 〈세븐〉 같은 유명한 영화에도 출연했습니다. 그런데 그가 젊은 시절에 출연한 영화는 거의 찾아볼 수 없습니다. 너무도 당연한 일입니다. 데뷔작이나 다름없던 〈드라이빙 미스 데이지〉에 출연했을 때 그의 나이는 50세였습니다.

40대나 50대에 접어든 배우들의 젊은 시절은 대체로 화려한 경력이 뒷받침해 주고 있습니다. 그렇지 않고서는 그렇게 오래도록 연기 생활을 할 수 없기 때문입니다. 그 나이까지 활동하며 성공한 연기자들은 대개 순탄한 스타 시절을 거쳐 완숙한 연기자로 자리 잡게 됩니다.

그동안 모건 프리먼은 무엇을 하고 있었을까요? 그는 실패를 거듭하고 있었습니다. 그는 결손 가정에서 태어나 불우한 어린 시절을 보냈지만 연기에 소질이 있었습니다. 초등학교 때는 주 단위의 연극 대회에서 1등을 하기도 했고 고등학교 때는 라디오 쇼를 진행하기도 했죠. 배우가 되기로 마음먹은 그는 할리우드를 찾아갔습니다.

그러나 흑인 배우를 찾는 영화사는 아무 데도 없었습니다. 연기를 더 배우기 위해 대학교 직원이 되어 몰래 청강을 하며 실력을 닦기도 했습니다. 숱하게 오디션을 봤지만 결과는 딱 두 가지였습니다. 떨어지거나 단역이거나.

그는 아무리 작은 단역이라도 혼신을 다해 연기했습니다. 하지만 아무도 알아주지 않았습니다. 한 순회 뮤지컬 극단에서 연기력을 인정받기도 했지만 그게 전부였습니다. 그가 원하는 영화에는 출연하지 못했습니다. 상황은 아무것도 바뀌지 않았습니다. 생활이 나아지지도 않았고 시시껄렁한 TV 드라마에 고정 조연을 맡기도 했지만 그의 꿈과는 아무 상관이 없었습니다.

오히려 꿈과는 점점 멀어지는 것만 같았습니다. 다시 하고 싶은 연기를 위해 극단 생활을 시작했는데 그마저도 재정난으로 중단되었습니다. 그때 나이 46세였고 실업자였습니다.

그로부터 5년이 지난 후 그의 인생은 완전히 달라졌습니다. 이제 그는 할리우드에서 가장 신뢰받는 연기자로 손꼽히며, 많은 제작자와 감독들이 함께 일하고 싶어 합니다. 40대 후반까지 실패만 거듭했던 한 연기자의 인생이 몇 년 사이에 어떻게 180도 달라진 것일까요?

나이 지긋한 운전사 역으로 스크린에 등장한 모건 프리먼은 인지도는 신인 배우에 가까웠지만 연기만큼은 수준급이었습니다.

"도대체 저 배우가 누구야? 어디서 갑자기 저렇게 대단한 연기자가 나타난 거지?"

그의 연기를 처음 본 영화 관계자들은 경탄했습니다. 모건 프리먼은 단지 실패를 고스란히 보존해 왔을 뿐입니다. 그의 연기력은 실패할 때마다 더 나아졌던 것입니다. 오랜 무명 시절을 시간으로만 채운 것이 아니라 실패를 분석하며 연기를 갈고닦은 것입니다. 스타덤에 오른 뒤 그는 한 인터뷰에서 이렇게 말했습니다.

"여기까지 오느라 전 정말 고생 많이 했습니다. 여러분도 일단 성공의 문이 열리기 시작하면 마음을 가라앉히고 이렇게 생각하십시오. 그래, 나도 할 수 있어."

그는 이미 연기를 처음 시작한 이래로 늘 자신이 성공해 왔다고 믿었습니다. 그에게 실패의 누적은 성공의 크기와 똑같았습니다.

엄홍길의 도전 3원칙 _ 철저하게 배우고, 준비하고, 가르쳐라

- 일상의 모든 일이 도전이 될 수 있다. 도전을 습관으로 만든다.
- 은행에 저축하듯 매일 한 가지씩 도전을 시도하고 기록한다.
- 실패했을 때 실패를 잊어버리려고 하지 말고 그대로 받아들인다.
- 실패 전체를 그대로 보존시켜 실패 원인을 분석한다.

여기서 '성공적인 도전의 원칙'을 마련할 수 있다면 우리는 실패 원인을 분석하는 데 더 많은 도움을 받을 수 있을 것입니다. 왜 실패했는지를 분석해 주는 도구를 엄홍길 대장에게서 발견할 수 있습니다. 엄홍길의 도전 3원칙은 도전의 본질을 명쾌하게 보여 줍니다.

도전은 [ ] 배우고, [ ] 준비하고, [ ] 가르칠 때 성공 확률을 비약적으로 높일 수 있다.

□□□□ 에는 공통된 말이 들어갑니다. 엄홍길 도전 3원칙의 핵심인 이 단어는 바로 '철저하게'입니다. 철저하게 배우고, 철저하게 준비하고, 철저하게 가르칠 때 실패할 확률은 현저하게 줄어듭니다. 실제로 '철저하게'라는 단어를 직접 써 넣어 괄호를 채워 보세요. 엄홍길 대장은 이 원칙을 처음부터 끝까지 지켜냈기에 마침내 14좌에 이어 16좌까지 모두 오를 수 있었습니다.

철저하게 배워라

　　스폰서를 구하지 못해 애를 먹던 엄홍길 대장은 그동안 신뢰를 쌓아 온 스페인 등반대장 후아니토 오이아르자발로부터 마칼루 등정에 초대를 받은 적이 있었습니다. 개인 장비만 가지고 올 수 있으면 자기 팀에 합류시켜 주겠다는 것이었습니다.

　　지체 없이 네팔로 날아갔지만 엄홍길 대장은 뜻밖의 벽에 부딪쳤습니다. 스페인 등반대의 대장은 잘 알고 있었지만 대원들과는 초면이었습니다. 말도 통하지 않는 데다 키 작은 동양인에겐 다들 관심이 없었습니다. 방해나 되지 않았으면 좋겠다고 생각했을 것입니다.

그는 스페인팀에서 유럽 산악인들의 선진 등반 기술을 처음 경험했습니다. 효율성을 높인 최단 시간 등정 시스템은 그에게 신선한 충격이었습니다. 한국에는 아직 이런 등반 시스템이 없었습니다. 엄홍길 대장은 이들의 새로운 등반 시스템을 익히자고 마음먹었습니다. 앞으로 14좌를 완등하려면 꼭 필요한 기술이었습니다.

그는 기술을 옆에서 보는 것에 그치지 않고 철저하게 익히기 위해 몸을 던졌습니다. 히말라야 등정은 워낙 위험한 등반이라 파트너십과 팀워크가 무엇보다 중요합니다. 자일에 몸을 묶으면 동료와나는 한 목숨이 됩니다. 그러니 누가 낯선 동양인을 자신의 자일 파트너로 삼으려고 하겠습니까?

그는 팀의 일원이 되기 위해 무엇이든 솔선수범했습니다. 위험한 일이든 궂은일이든 마다하지 않고 먼저 나서서 했습니다. 쉬운일 같지만 히말라야 고도에서는 간단한 일이라도 평지의 중노동에 맞먹습니다. 스스럼없이 어울리려고 누구에게든 친근하게 굴었습니다. 먼저 배려하고 챙겨 주려고 노력했습니다. 누구라도 서슴없이 자일 파트너가 되어 달라고 할 수 있을 때까지 말입니다.

그러자 서서히 팀원들이 마음을 열기 시작했습니다. 아낌없는 자기희생의 모습에 감동한 것입니다. 그들은 마음을 열고 나자 엄홍길 대장이 배우고 싶어 하는 기술과 노하우를 아낌없이 가르쳐 주었습니다. 진정한 팀원으로 받아들여 준 것입니다.

철저하게 준비하라

"대장님, 뭐 하세요?"

이번에 처음 히말라야 등반대 일원으로 참가한 산악회 후배가 엄홍길 대장에게 물었습니다.

"내가 뭘 하는 걸로 보이나?"

후배는 아까부터 대장을 지켜보았습니다. 그는 등산화를 신는 게 아니라 하늘로 들어 올린 다음 그 속을 한참이나 들여다보는 것이었습니다. 마치 기도라도 하는 것 같았죠. 궁금증을 참다못해 물은 것이었습니다. 대장은 후배에게 손가락 하나를 내밀었습니다. 거기엔 작은 먼지 같은 게 하나 묻어 있었습니다.

"이게 먼지로 보이겠지만, 등반을 시작하면 작은 먼지도 발바닥을 괴롭히는 돌멩이가 될 수 있어. 잠자리에 들 때까지 등산화를 벗을 수 없는데 이런 작은 것이 등반하는 내내 방해가 된다면 얼마나 괴롭겠어."

도전이 흔히 왜곡되는 것은 '일단 한번 해보자.'는 무작정한 태도 때문입니다. 먼저 시도부터 해보는 것 역시 도전한다고 할 수 있습니다. 그러나 우리는 왜 도전하는지 늘 생각해야 합니다.

엄홍길의 도전 3원칙은 '성공을 위한'이라는 말이 전제된 것입니다. 성공하기 위해 도전하는 것이지, 일단 해보고 일이 되나 안 되나를 실험해 보는 것이 아닙니다.

물론 안 하는 것보다야 일단 덤벼 보는 게 나을 수 있습니다. 어쩌다 막무가내로 덤빈 일에 좋은 결과를 얻을 수도 있습니다. 그러나 운 좋은 결과가 계속 반복될 리는 없습니다. 오히려 자만심을 부추겨 준비를 소홀히 하다 중요한 도전에서 더 큰 낭패를 볼 가능성이 큽니다.

그렇다고 완벽하게 준비한 다음에 도전해야 한다면 오래 걸릴 텐데 그 긴 시간을 감당하다 도전도 못 해보겠다고 푸념이 나올지도 모릅니다. 날카롭게 창만 다듬다가 물고기 떼를 다 놓치는 것처럼요.

엄홍길의 도전 3원칙에서 말하는 '철저한 준비'는 시도하기 전에 충분한 준비 기간을 거친다는 것보다 더 큰 준비를 뜻하는 것입니다. 여기서 철저한 준비의 목적어는 '사소한 것' 입니다.

"사소한 것을 철저하게 준비하라."

엄홍길 대장은 작고 중요해 보이지 않는 것을 크고 중요하게 다루는 것을 철저한 준비로 보았습니다. 그래서 등산화 속의 먼지조차 중요해 보였던 것입니다. 늘 작은 요소가 일을 그르치게 한다는 걸 잊지 말아야 합니다. 타이타닉 호가 빙산과 부딪쳤을 때 처음 찢어진 틈은 고작 3센티미터에 불과했다고 합니다.

철저하게 가르쳐라

히말라야 등정의 성패를 결정짓는 팀워크는 성공 도전의 세 번째 원칙입니다. 프로젝트 과제에서는 혼자서만 결코 좋은 점수를 받을 수 없습니다. 모두가 이기거나 모두가 지거나, 둘 중 하나입니다.

팀을 이루어 과제를 수행해 본 적이 있을 것입니다. 그 팀에는 나와 똑같은 실력을 가진 사람만 있는 것은 아닙니다. 나보다 모자라거나 나보다 더 뛰어난 자가 공존합니다.

그들이 모두 어우러져 공동의 승리를 쟁취하기 위해 자기 역할을 다하는 것입니다. 그러기 위해서는 자신이 가진 것을 먼저 내놓아야 합니다. 각각의 지식을 모두의 지식으로 공유하는 자세가 필요합니다.

엄홍길 대장은 영어, 스페인 어, 네팔 어, 중국어 이렇게 4개 국어로 의사소통할 수 있습니다. 그래서 그는 누구보다 더 실전에 강하고, 위기관리에 뛰어나고, 지식이 풍부해질 수밖에 없습니다. 그렇게 얻은 지식을 그는 등반대 대원들에게 철저하게 가르칩니다. 그래야 모두 살아서 돌아올 수 있기 때문입니다.

엄홍길 대장은 이렇게 철저한 가르침을 자기희생이라고 했습니다. 팀워크의 정의를 '자기 자신을 내놓는 것'이라고 했습니다. 자기 자신을 내놓아야 팀에 녹아들 수 있다고 합니다. 스스로 녹지 않는 팀원은 흐름을 방해하게 됩니다. 부유물처럼 액체에 떠 있는 모습을 상상해 보세요. 자기 자신을 녹이지 못하면 결국 걸러지지 못하고 홀로 남을 수밖에 없습니다.

엄홍길
INTERVIEW

"산을 닮으세요. 산은 위대한 스승입니다."

엄홍길 대장을 처음 만났을 때 나는 여러 번 놀랐습니다. 첫째는 그가 너무도 평범해 보인다는 것이었습니다. 어떻게 저 팔뚝으로 그 많은 고봉을 올랐을까 싶을 정도였습니다. 둘째는 대화를 나눌수록 그의 존재가 점점 커진다는 것이었습니다. 일부러 자신을 드러내지 않는데도 마치 우뚝 솟은 산처럼 느껴졌습니다. 엄홍길 대장은 청소년들에게 이런 얘기를 꼭 들려주고 싶다고 했습니다.

"그동안 히말라야의 봉우리들을 오르면서 내가 원하는 대로 순조롭게 등반이 이루어진 적은 단 한 번도 없었습니다. 등정의 전반적인 계획을 아무리 치밀하게 짜도 막상 산에서는 어그러지는 일이 다반사입니다. 그렇다고 계획을 세우지 않을 수도 없습니다. 산을 오르는 게 반복적으로 이루어지는 단순한 일처럼 보이지만 같은 산도 매번 똑같이 올랐다고는 할 수 없습니다. 지금까지 에베레스트만 세 번 올랐지만 거기서 생긴 변수는 모두 다른 것이었습니다.

청소년들에게 이 말을 해 주고 싶습니다. '도전은 내가 할 수 있다고 믿는 것보다 더 많은 것을 요구한다!' 만약 매번 등반이 제 계획대로만 되었다면 나는 단 한 번의 실패도 하지 않았을 것입니다. 그러나 도전은 내가 할 수 있는 것의 반경을 넘어서는 데부터 시작됩니다. 나를 벗어나려고 하는 지점에서 자신과 싸우게 되는데, 바로 그것을 도전이라고 합니다.

나 자신과의 승부에서 견디고 이겨 내는 것. 히말라야에서 저를 기다렸던 그 많은 변수와 부딪쳐 쓰러지지 않았던 것은 바로 나를 이겨 냈기 때문입니다. 사람은 슬퍼서 흘리는 눈물보다 두려움 때문에 흘리는 눈물이 더 진합니다. 얼마나 무서우면 아이처럼 눈물을 흘리겠습니까? 그러나 히말라야를 앞에 두면 누구나 두려움을 견디지 못해 텐트 안에서 몰래 흐느끼는 경험을 합니다. 얼마나 무서운지 밤에 짐을 싸서 달아나는 사람도 있을 정도입니다. 히말라야를 오르기 위해서는 이런 공포심과 먼저 싸워 이겨야 합니다. 그래야 오르막을 향해 한 발을 내딛을 수 있습니다.

정상을 향해 오를 때는 실패에 대한 두려움이 매 순간 요동을 칩니다. 온갖 불길한 생각도 떠오릅니다. 이 두려움들이 도전의 경계에서 나와 늘 싸워 왔던 것들입니다. 14좌를 오르는 동안 매번 이러한 두려움들과 싸우지만 결코 익숙해진 적은 없습니다.

내가 나를 이긴다는 것은 어쩌면 내가 만든 허상의 두려움과 싸워 이기는 것인지도 모릅니다. 그래서 확고한 목표는 그 허상과 싸워 이길 수 있는 강력한 무기가 됩니다. 목표에 대한 확신이 강해질수록 내가 나를 이길 가능성도 그만큼 커집니다.

자신의 인생에 과감히 도전하십시오. 목표가 있다면 두려울 게 없습니다. 저의 좌우명은 자승최강(自勝最强)입니다. 나를 이기는 것이 가장 강한 것입니다. 청소년 여러분들도 늘 이 말을 입에 달고 다니십시오. 자승최강, 나를 이기는 것이 가장 강한 것입니다."

엄홍길 대장은 성공의 대가이기도 하지만 실패의 대가이기도 합니다. 그는 청소년들이 실패를 가볍게 여기지 않기를 바란다고 했습니다.

"만약 제가 계획을 세운 대로만 되었다면 나는 결코 14좌, 16좌를 완등할 수 없었을 것입니다. 아니 살아 돌아오지도 못했을 것입니다. 설사 살아서 왔다 하더라도 이미 산을 떠났을 것입니다. 저의 성공은 실패가 계속되었기에 가능했다고 단언할 수 있습니다.

실패 앞에 나약해지지 않았으면 합니다. 실패를 두려워하지 마십시오. 그것을 겸허하게 받아들이고, 한편으론 당연하게 여기십시오. 실패는 목표를 더욱 단단하게 만들어 줍니다. 실패를 받아들이면 확신을 키워 주고 오히려 자신감을 북돋워 줍니다.

과정을 무시하고는 결코 결과를 얻을 수 없습니다. 과정에 최선을 다하는 것이 결과입니다. 실패도 과정에 불과합니다. 나는 실패가 거듭될수록 목표에 더 자신감을 얻었고, 스스로 더 강해졌습니다. 그것은 저를 더 강력한 힘으로 밀어 올려 주었습니다.

시작점에서 성공 지점까지 곳곳에 실패가 기록된다고 생각해 보십시오. 그것은 내가 도달한 위치의 눈금과 같은 것입니다. 내가 성공의 어느 지점까지 도달했다는 걸 알려 주는 것입니다."

엄홍길 대장은 청소년들에게 산을 닮으라고 합니다. 그가 청소년들에게 전하는 마지막 메시지는 자신에게 많은 것을 가르쳐 준 '산' 에 대한 것이었습니다.

"제게 가장 위대한 스승은 산입니다. 인간의 지식보다 훨씬 더 많은 인생 공부와 깨달음을 산에서 얻었습니다. 산을 오르면서 보고 느끼고 생각한 경험은 제 삶을 순리로 인도해 가고 있습니다. 항상 저 자신을 되돌아볼 수 있었던 곳도 산 위에서였습니다. 타인에 대한 애정도 산에서 길렀고, 일을 순리적으로 풀어 가는 해법도 늘 산이 제시해 주었습니다. 내가 자만심에 넘쳐 있을 때 그것을 조절해 준 것도 산이었습니다.

제가 있는 대학교에서 가끔씩 학생들과 함께 산행을 하곤 합니다. 그들은 고도로 문명화되고 첨단이라고 하는 기계와 훨씬 친숙한 세대입니다. 이들 세대에게선 인간이 태어나면서 풍겼던 자연의 냄새를 더 이상 맡을 수 없습니다. 기계 문명에 둘러싸여 있다 보니 삭막해지고 이기적으로 변하는 것 같습니다. 오직 경쟁만이 그들의 하루하루를 조직해 온 것 같습니다.

그들과 산행을 할라치면 많은 학생들이 마지못해 따라나섭니다.

기계는 우리를 편하게 해 주지만 그 편리로 인해 점점 더 활동량은 적어집니다. 그런 이들이 저 높은 산을 직접 걸어서 올라야 한다고 생각하니 눈앞이 캄캄해지는 것입니다. 입이 한 발이 나오고, 인상을 쓰고, 울먹거리기까지 합니다.

그러나 산을 올랐다가 내려오면 놀라운 장면들을 목격하게 됩니다. 산을 오르기 전의 막막한 표정들은 찾으려야 찾을 수가 없습니다. 분명히 오르기 전보다 더 힘들고 지쳤을 텐데 그들의 얼굴은 환한 표정 일색입니다. 게다가 해냈다는 자신감으로 충만해, 이들이 아까 그 주저하던 학생들이 맞는지 의심스러울 정도입니다. 서먹서먹하던 이들도 산행을 하는 동안 서로 끌어 주고 밀어 주다 보니 저절로 동료애가 생깁니다.

이때 나는 학생들이 자연의 품에서 자연의 냄새를 조금 찾았다고 느낍니다. 상처 입은 인간에게 다시금 생명력을 불어넣어 주는 것은 자연밖에 없습니다. 자연은 자신이 낳은 인간을 치유하는 힘을 가지고 있습니다.

산에 올라 산을 느껴 보세요. 내게 닥친 어려움들, 두려운 생각들이 문득 그렇게 어렵고 무서운 게 아니라는 걸 느끼게 될 것입니다."

Honestu
Sinceri
Leadership

위대한 리더십의 시작은
정직과 성실

컴퓨터 사용자 몰래 나쁜 일을 꾸미는 소프트웨어를 통틀어 악성코드라고 부릅니다. 웜이나 트로이목마 같은 컴퓨터 바이러스 등이 여기에 해당됩니다. 그중에서도 컴퓨터 바이러스는 대표적인 악성코드입니다.

이제는 백신 프로그램들이 간단하게 치료하고 있지만 1985년 처음으로 악성코드가 등장했을 땐 대처할 방법이 없었습니다. 중세 유럽을 초토화시켰던 전염병, 페스트만큼이나 위력적이었죠. 일단 감염되면 치료할 방법이 없었습니다.

인류 최초의 컴퓨터 바이러스는 파키스탄에서 제작되었습니다. 우리나라에는 1988년에 흘러들어 와 전염성이 위력을 발휘하며 순식간에 퍼져 나갔습니다. 그때는 컴퓨터 바이러스라는 용어조차 생소하던 시절이라 키보드를 소독하면 되는 줄 알았을 정도입니다.

이 컴퓨터 바이러스의 이름이 '브레인' 이라는 것을 알고 있었습니까? 그건 몰라도 그 바이러스를 퇴치한 영웅은 알고 있을 것입니다. 국내 최초의 백신 프로그램 V3.

그때 V3가 개발되지 않았다면 그 피해가 얼마나 오래 지속되었을지 짐작도 하기 어렵습니다. 슈퍼맨 V3는 바이러스의 속도를 능가했을 뿐만 아니라 돈 있는 사람, 돈 없는 사람을 차별하지 않았습니다. 누구라도 그를 부르면 바이러스로부터 자신의 컴퓨터를 구출할 수 있었습니다.

그가 아니었다면 다국적 백신 프로그램 회사들이 국내 시장을 점령했을 것입니다. 그리고는 비싼 값에 팔아서 사용자들은 큰 비용을 치렀을 것입니다. 우리는 이 영웅을 무려 7년 동안이나 공짜로 불러 댔습니다. 그 바람에 날고 긴다는 외국의 비싼 백신 프로그램보다 기술력을 발전시킬 수 있는 시간까지도 확보할 수 있었습니다.

지금도 V3는 백신 프로그램의 대명사입니다. 우리가 "V3, 도와주세요!"를 외칠 때의 그 V3와 거의 똑같은 수준으로 인식하는 사람이 있습니다. 바로 V3 개발자 안철수입니다. 국내 최초의 백신 프로그램 개발자 안철수. 그러나 V3와 달리 그는 백신 프로그램의 영웅으로 머물지 않았습니다. 아무도 그를 프로그래머 안철수라고 부르지는 않습니다.

그는 원래 서울대학교 의대를 졸업하고, 이미 30대 초반에 의예과 학과장까지 지낸 유망한 의사이자 교수였습니다. 또한 의학 분야의 노벨상을 향해 연구에 매진했던 학자이기도 했습니다. 그렇다고 그를 의사 안철수로 알고 있지도 않습니다.

그는 의사였던 적도 있었고 프로그램을 개발한 적도 있지만 우리는 그를 CEO 안철수라고 부릅니다. 한 회사의 최고경영자, CEO라는 수식어를 통해 우리는 안철수를 감각적으로 더듬어 이해하고 있습니다. 그리고 그의 이름 앞의 CEO는 기업가 이외에 또 다른 의미가 있습니다. '최고의 리더'가 바로 그것입니다.

그는 직장인들과 대학생들이 가장 닮고 싶어 하는 리더입니다. 삼성의 이건희 회장을 제치고 가장 존경받는 리더로도 선정되었습니다. 그에겐 늘 '우리 시대 최고의 리더'라는 찬사가 따라붙습니다. 그가 가장 인정받는 리더십의 소유자라는 데 이의를 제기하는 사람은 찾아볼 수 없습니다. 리더십을 연구하는 많은 연구소들도 그를 '우리 시대의 신뢰받는 리더' 랭킹 1위에 올려놓았습니다.

그는 현재 안철수연구소 대표직에서 퇴임하고 카이스트(학국과학

기술원)에서 기업가정신에 대해 강의하고 있습니다. 현재 석좌교수의 신분이지만 이 책에서는 리더십의 대표적인 사람이라는 의미에서 안철수 대표로 부르겠습니다.

그는 국내 최초의 컴퓨터 백신 회사 안철수연구소를 설립해 10년 동안 비약적인 성장을 이끌었습니다. 현재 안철수연구소는 국내뿐만 아니라 세계적으로도 유명한 정보보안회사로 도약했습니다. 뿐만 아니라 국내에서 단 한 번도 바이러스 백신 시장 1위 자리를 놓쳐 본 적이 없는 것으로도 유명합니다. 안철수연구소 때문에 세계적으로 쟁쟁한 기업들이 한국 시장에서는 맥을 못 춥니다. 국내 업체가 이 시장의 60퍼센트를 넘게 점유하고 있는 나라는 대한민국이 유일하다고 합니다.

안철수연구소의 시작은 보잘것없었습니다. 사무실도 없이 직원한 사람과 함께 자신의 집에서 일을 시작해야 했습니다. 처음에는 투자하려는 기업도 없었습니다. 그럼에도 불구하고 회사는 매년 두 배가 넘는 성장을 거듭하였습니다. 10여 년이 흐른 지금은 직원만 500여 명에 이르고, 매출 600억 원, 순이익 160억 원이 넘는 중견 회사가 되었습니다.

우리나라에서 벤처기업이 10년을 넘게 살아남을 확률은 0.1퍼센트 정도라고 합니다. 안철수연구소는 그렇게 희박한 확률을 뚫고 살아남았을 뿐만 아니라 가장 투명하고 존경받는 기업 중 하나가 되었습니다.

우리는 이제 안철수연구소가 성장한 과정을 통해 그의 리더십의 진가가 발휘되는 순간들을 살펴볼 것입니다. 이는 우리들의 미래를 대입해 보는 절호의 기회이기도 합니다.

미래라고 하니 먼 훗날의 미지의 시간인 것 같아 실감이 나지 않을 수도 있습니다. 왜 벌써부터 리더십을 배워야 하는지 의문이 들 것입니다. 공부하기도 바쁜데 말입니다. 당장 써먹을 데도 없는 것 같다며 머릿속에 물음표가 둥실 떠오르는 모습이 그려지는군요. 그 것은 리더십이 가진 두 가지 속성이 참으로 기가 막힌 탓입니다.

· 아무도 누가 미래의 리더가 될지 확신할 수 없다.
· 누구도 떡잎으로 훗날의 리더를 판별할 수 없다.

리더의 세계가 갈수록 오리무중인 시대가 되고 있습니다. 분명한 건 21세기, 웹2.0 시대의 리더는 하나의 고정된 틀이 아닌 창조성과 다양성으로 꾸며진 비정형의 틀에서 태어난다는 것입니다.

이제 어렸을 적 보았던 위인전의 리더는 더 이상 통하지 않습니다. 그들은 태어나면서부터 리더가 되기 위한 온갖 과정을 죄다 거치고, 필연적으로 리더가 되었습니다. 그러나 그런 리더의 시대는 막을 내렸습니다. 미래를 속성으로 앞당기고 있는 현대는 예상치 못한 리더들이 봇물 터지듯 출현하는 시대입니다.

특히 IT 세계의 리더들은 더 극단적입니다. 새로운 비즈니스의 총아들인 빌 게이츠, 스티브 잡스, 제프 베조스, 래리 페이지. 이들은 컴퓨터광이긴 했지만 리더가 되기 전까지 리더십을 발휘한 적은 거의 없었습니다.

이 강의의 주인공인 안철수 대표 역시 마찬가지입니다. 어렸을 적 사람들은 백이면 백 모두 그가 의사나 과학자 같은 연구자의 길을 걷게 될 것이라고 믿었습니다. 우리는 어떤가요? 단 한 번이라도 훌륭한 리더가 될 자질이 보인다는 말을 들어 본 적이 있습니까? 더 기막힌 건 그렇게 인정받은 사람들의 발치에도 미치지 못할 것처럼 열등해 보인 이들이 결국 리더가 된다는 사실입니다.

이 시간에 미래를 상상하는 기회를 가지고 싶다면 리더십의 두 가지 속성에 자신을 대입하는 일부터 해 보세요. 정말 간단합니다.

　　　　| | 리더가 될지 몰랐다.
　　　　누구도 | | 리더가 될 것이라고 확신하지 않았다.

네모 안에 '내가'라는 말을 써 보는, 이 두 가지 대입만을 통해 순간 리더가 된 듯한 착각에 빠지게 될 것입니다.

　　　　|내가| 리더가 될지 몰랐다.
　　　　누구도 |내가| 리더가 될 것이라고 확신하지 않았다.

그러나 이건 착각이 아닙니다. 누가 뭐래도 네모 안의 '나'는 충분히 자격이 있습니다. 우리가 리더십의 정체를 알기만 한다면 말입니다. 그것이 시간 속에 놓여 있다는 걸 간파하기만 한다면 말이죠. 따지고 보면 미래는 수많은 착각들의 집합 장소가 아닙니까. 이 책도 십대들의 꾸준한 착각을 응원하기 위해 만들어졌습니다.

그리고 지금은 막연히 리더의 차례가 올 시간을 기다려서는 안된다는 걸 깨닫도록 도와줄 것입니다. 그렇다고 리더가 되는 기술을 알려 드리는 것은 아닙니다. 병법에는 기술이 필수적이지만 병법을 지휘하는 리더가 되는 데 기술은 부차적입니다.

여기서는 자연의 섭리를 배우듯 리더십의 습관을 터득하는 데 주력할 것입니다. 무엇보다 좋은 가치관을 가져야 합니다. 어쩌면 안철수 리더십은 안철수 가치관을 배우는 시간이기도 합니다. 가치관을 바탕으로 삼아 원칙과 기준을 세우는 것이 리더십과 어떻게 손을 맞잡고 있는지도 배우게 됩니다.

그러면 "어떤 사람이 리더가 되는가?"라는 질문이 얼마나 터무니없는 것인지 알게 될 것입니다. 질문은 이렇게 바꾸어야 합니다.

"꽃은 어떻게 피어나게 되는가?"

리더십의 조건

· 안철수 대표는 어떻게 훌륭한 리더십을 갖추게 되었는가?

· 그를 통해 리더십을 배울 수 있는가?

· 그에게 배운 리더십을 내 것으로 만들 수 있는가?

여기에 대한 답을 내기 위해 알아야 할 것이 있습니다. 리더십의 두 가지 정체를 잠깐 요약해 보겠습니다.

리더십의 첫 번째 정체는 방향성입니다. 그것은 나침반이 어느 곳에서도 정확한 방향을 잡듯이 일관되어 있다는 의미입니다. 지금 당장은 보이지 않지만 일관되게 지향한 바를 추구하면 결국 원하는 지점에 도착하게 되는 것이지요.

리더십의 두 번째 정체는 바로 만인에게 평등하다는 것입니다. 누구나 리더가 될 수 있다는 뜻이라기보다는 아무도 리더십을 타고 나지 않는다는 의미입니다.

안철수 대표 역시 리더는 타고나는 것이 아니라고 했습니다. 지금까지 살아온 그의 삶이 그랬습니다. 그는 한때 의대에서 교수로, 연구자로 살았습니다. 대학 시절에는 대부분의 시간을 실험실에서 보냈습니다. 중·고등학교에서는 차분하고 숫기 없는 소년이었습니다. 나서 본 적도 없고, 혼자 책을 보는 게 가장 큰 즐거움이었습니다. 초등학교 때는 약골이라고 놀림을 받기도 했습니다.

처음부터 공부를 잘한 것도 아니었습니다. 초등학교 때는 반에서 중간 정도였습니다. 중학교에서도 중위권에 머물러 공부로 두각을 나타낸 적이 없었습니다. 그가 1등을 처음 해 본 것은 고등학교 3학년 때라고 합니다.

그의 삶 어디에서도 리더의 자질이 일찌감치 드러난 적은 없었습니다. 그런데도 어떻게 가장 존경받는 리더가 되었을까요? 리더십 전문가인 무굴 판다와 로비 셸도 말했듯이 리더는 태어나는 것이 아니며, 다듬어지고 만들어지는 것이기 때문입니다.

덧붙여 리더십을 공부하고 연마하는 사람들 모두가 성공할 수는 없지만 노력을 하지 않았을 경우와 비교한다면 더 나은 리더십을 갖춘 리더로 발전할 수 있다고 했습니다.

이제 우리는 안철수 대표가 어떤 선택들을 해 왔는지 짚어 보도록 하겠습니다. 다음에 몇 가지 사례들을 소개할 것입니다. 왜 안철수 대표는 이러한 선택들을 했는지 생각해 보길 바랍니다. 그리고 나라면 어땠을지 생각해 보세요.

우리가 이번 시간을 마칠 때쯤 다시 돌아와 그의 선택들이 어떻게 이루어진 것인지 확인하게 될 것입니다. 그의 선택에 대해 더 많이 생각할수록 우리는 안철수 리더십에 그만큼 가까이 접근했다는 증거로 삼을 수 있을 것입니다.

선택1 _ V3를 유료화하다

안철수 대표는 V3를 개발한 지 7년이 되었을 때 1995년 안철수 연구소를 설립하였습니다. 그동안 V3는 무료로 배포되어 누구나 다운로드할 수 있었습니다. 그 바람에 무료 프로그램이라는 인식이 굳어진 상태였습니다.

만약 빌 게이츠가 V3 개발자였다면 어땠을까요? 하던 일을 다 팽개치고 이 사업에 뛰어들어 V3를 곧바로 유료로 전환해 시장을 독점했을 것입니다. 그다음엔 새로운 버전을 단기간에 계속 내놓아 값을 올렸을 것입니다. 7년 동안 어마어마한 회사로 키워 냈겠죠.

그러는 동안 개인 사용자든 기업이든 정부 기관이든 컴퓨터가 사용되는 곳이면 어디에서든 많은 정보 손실이 일어났을 것이고 치러야 하는 비용도 엄청났을 것입니다. 아무리 기술이 뛰어나도 구매를 망설이고 미루게 되면 사용자들의 접근성이 떨어져 피해가 그만큼 누적될 수밖에 없습니다. PC 사용자들은 선택의 여지 없이 울며 겨자 먹기로 비싼 빌 게이츠의 프로그램을 사야 했을 것입니다.

안철수 대표는 7년 동안 단 한 번도 개발자의 권리를 행사하지 않았습니다. 그게 다 돈이라는 것을 모를 리 없었을 텐데 말입니다. 주위를 더 놀라게 한 것은 그가 회사를 설립하고 나서도 V3를 유료로 전환하지 않고 따로 상용프로그램을 개발한 것입니다. 그는 개인 시장이 아닌 기업 시장을 목표로 삼았습니다. 이는 쉬운 길을 놔두고 어려운 가시밭길로 들어가는 것처럼 어리석어 보였습니다.

당시 기업들은 그에게 철저하게 등을 돌렸습니다. 그들은 주로 외국의 백신 프로그램을 구입해 쓰고 있었습니다. V3는 당연히 무료인데 굳이 그걸 사서 쓸 이유도 없었습니다. 이제 갓 출범한 회사의 기술도 신뢰하지 못했죠. 매출이 일어나지 않는 것은 당연했습니다.

V3를 유료로 전환하면 즉시 이익이 발생하는 손쉬운 개인 시장이 눈앞에 있는데도 그는 생각이 달랐습니다. 당장 직원들 월급 줄 돈이 없어도 개인 사용자에게 프로그램을 팔아서 운영자금을 조달할 생각은 아예 없었습니다. 그의 목표는 오로지 기업체에 맞춰져

있었습니다.

선택2 _ 기업의 가치를 지키다

회사를 설립한 지 2년이 되었을 때 안철수 대표는 세계적인 소프트웨어 기업인 맥아피의 빌 라슨 회장으로부터 실리콘밸리의 본사를 방문해 달라는 초청을 받았습니다. 당시 맥아피는 유망한 벤처 기업들을 인수해 몸집을 불리고 있었습니다. 이미 일본의 유일한 백신 회사 제이드도 맥아피에 매각된 상태였습니다. 빌 라슨 회장은 안철수 대표에게 단도직입적으로 제의를 했습니다.

"우리는 당신 회사에 관심이 많습니다. 1,000만 달러 정도면 어떻겠소? 현금이든 주식이든 상관없소. 원하는 대로 해 주겠소."

안철수연구소를 팔라는 제안이었습니다. 당시 아시아 백신 시장이라고 하면 일본과 한국 정도였습니다. 한국 시장까지 차지하면 아시아 진출은 땅 짚고 헤엄치기나 마찬가지였습니다. 라슨 회장은 여유가 있었습니다. 워낙 거액을 제시한 데다 상대는 창업한 지 불과 2년밖에 안 된 회사였습니다. 그나마 매출도 미미했고, 이대로라면 오래 버티지 못한다는 사정까지 모두 파악하고 있었습니다.

그러나 라슨 회장은 안 대표의 대답에 당황하지 않을 수 없습니다.

"제안은 고맙습니다만, 우리 회사는 팔 물건이 아닙니다."

지금도 그렇지만 당시 100억 원이면 정말 어마어마한 돈이었습니다. 개인이 그 돈을 쓰면 평생을 호의호식하며 편하게 살 수도 있었을 것입니다. 라슨 회장이 아무리 설득해도 꿈쩍도 않자 제이드를 매각한 일본의 사장까지 동원했습니다.

"이 사람을 보시오. 안철수연구소를 팔면 이렇게 요트를 타면서 평생 휴양지에서 꿈 같은 삶을 살 수 있을 것이오."

천국과도 같은 장면을 직접 보여 주며 유혹했지만 안철수 대표는 끝내 맥아피의 제의를 거절하고 귀국행 비행기에 올랐습니다. 비행기가 한국 땅에 가까워질수록 눈앞에 닥친 어려움들이 몰려들었습니다.

안철수연구소는 당시 자금난에 시달리고 있었습니다. 대차대조표에는 마이너스 수치만 수두룩했습니다. 매달 직원들 월급을 주는 일조차 힘들었습니다. 그렇지만 그는 후회하지 않았습니다. 안철수연구소를 미국의 대기업에게 넘길 생각은 추호도 들지 않았으니까요.

선택3 _ 진정한 리더십을 실천하다

2000년 10월 13일 안철수연구소의 전 직원이 모였습니다. 회사에는 120여 명이나 되는 인원이 다 들어갈 데가 없어 걸어서 10분 거리에 있는 근처 다른 회사의 대회의실을 빌렸습니다. 직원들은 거기까지 걸어가면서도 이유를 몰랐습니다. 이렇게 직원들이 전부 모이는 일은 시무식 같은 때뿐이었습니다.

중대 발표가 있을 거라는 짐작은 하고 있었지만 그게 뭔지는 알 수 없었습니다. 회사는 승승장구하고 있었으므로 위기감 같은 게 들지는 않았지만 일말의 불안감은 어쩔 수 없었습니다. 예정에도 없었고 내용도 정확하게 알 수 없는 전 사원 모임. 사장님이 무엇을 발표할지 몰라도 어쨌든 좋은 일은 아닐 것 같다는 기분이 든 것입니다.

이미 공개된 실적 발표를 비롯해 형식적인 식순이 모두 끝나고 마지막으로 안철수 대표가 연단에 올랐습니다. 그의 표정만 봐서는 좋은 내용인지 나쁜 내용인지 읽어 낼 수 없었습니다. 다만 목소리가 조금 떨리는 것을 느낄 수 있었습니다.

"지난 5년의 일이 파노라마처럼 스쳐 감회가 새롭습니다."

목소리가 차분하게 젖어드는 것 같았습니다. 그리고 이어진 말은 충격적이었습니다.

"저에게는 그 어떤 것보다 여러분이 제일 소중합니다. 그래서 제 개인 주식을 여러분에게 무상으로 나눠 주기로 했습니다."

웅성거리던 회의실에 순간 침묵이 흘렀습니다. 고개를 갸우뚱거리는 직원들도 있었고, 멍한 표정을 한 사람도 있었습니다. 귀를 후비는 직원도 보였습니다. 잘못 들었다는 생각이 든 것입니다. 지금 안 대표가 한 말이 무슨 뜻이냐고 옆의 직원을 찔러 봐도 대답이 없었습니다. 이해할 수 없기는 마찬가지였습니다. 그의 말이 차츰 현실로 받아들여지기 시작하자 웅성거림이 퍼져 나갔습니다.

안철수 대표의 음성이 다시 마이크를 타고 흘렀습니다. 그는 안철수연구소의 성과를 직원들의 노고로 돌렸고, 이 일은 그것에 대한 정상적인 분배라고 설명해 주었습니다.

그 어떤 기업에서도 일어난 적 없는 최대주주자의 주식 무상 분배는 기적처럼 들렸습니다. 어떤 벤처기업가 1세대들은 직원들은 아랑곳하지 않고 회사를 헐값에 넘기고, 정부 지원금을 제 것인 양

홍청망청 썼습니다. 벤처 열풍은 그렇게 사라져 버렸던 것입니다.

그가 그날 직원들에게 나눠 준 자기 보유의 주식은 당시 돈으로 총액이 60억 원이 넘었다고 합니다. 주식 증여에 대한 세금마저도 그가 직접 부담했습니다.

선택4 _ 다시 배움의 길을 택하다

안철수 대표는 안철수연구소 창립 10주년 기념사를 통해 뜻밖에도 은퇴를 발표했습니다. 안철수연구소 10년 역사에 가장 놀라운 사건인지도 모릅니다. 가장 높은 곳에 섰을 때 그 자리에서 물러난다니 말입니다. 그는 은퇴사에서 이렇게 말했습니다.

"나는 CEO로서 지난 10년간을 절벽을 올라가는 등반가의 심정으로 살아왔습니다. 아래를 내려다보면 까마득하여 무서웠고, 위를 올려다보면 구름에 가려서 정상이 어디쯤인지 짐작도 할 수 없었습니다. 그렇지만 힘이 빠지면 떨어져 죽는 수밖에 없기 때문에 한시도 긴장을 늦출 수 없었습니다. 이러한 과정 속에서 매일 스스로에게 던졌던 두 가지 질문이 있었습니다.

'우리 회사가 어떻게 하면 살아남을 수 있을까?'

'내가 이 조직에 적합한 사람인가?'

여기서 두 번째 질문은 다시 두 가지 질문으로 나눌 수 있습니다. 즉 '내게 지금의 회사를 더 발전시킬 수 있는 능력이 있는가?' 와 '내 에너지를 120퍼센트 쏟을 수 있는가?' 입니다. 등반가의 심정으로 끊임없이 자기 검증을 하면서 10년을 보낸 셈입니다. 이제 창립 10주년을 맞이하면서 나는 CEO 자리에서 물러나고자 합니다."

회사는 창사 이래 최고의 실적을 기록하고 있었습니다. 국내 소프트웨어 사상 최고의 성과도 거두었습니다. 회사가 가장 잘나가는 순간에 CEO에서 물러난다는 소리는 귀를 의심하게 할 만했습니다.

누구도 예상치 못한 은퇴는 물론이거니와 은퇴 사유에 직원들은 더욱 놀랐습니다. 그가 회사를 그만둔 이유는 공부였습니다.

온갖 위기와 역경을 헤쳐 나와 회사를 궤도에 올려놓고, 이제 부와 명예를 손에 거머쥘 수 있게 된 때입니다. 그렇게 고생했으니 이젠 누리고 싶은 만큼 누리고, 과실을 원하는 만큼 따 먹을 수 있을 정도가 되었습니다. 그러나 그는 이 모든 것을 손에서 내려놓았습니다. 그리고는 빈 몸으로 다시 새로운 길을 찾아 떠난다는 것이었습니다. 기념사가 퇴임사로 바뀌고, 안 대표는 더 이상의 인터뷰 요청도 거절한 채 훌쩍 미국 유학길에 올랐습니다.

리더십은 아름다운 꽃이다

식물은 뿌리와 줄기, 꽃으로 이루어져 있다고 배웠습니다. 리더십은 식물의 요소들 중에서도 꽃에 해당합니다. 꽃은 아름답지만 그 꽃을 결정짓는 것은 씨앗입니다. 씨앗에서 지상으로 뻗어 나오는 것은 줄기가 되고 땅속으로 파고 들어가는 것은 뿌리가 됩니다.

뿌리는 눈에 보이지는 않지만 식물의 성장과 개화 모두에 관여하고 있습니다. 꽃이 피지 않거나 시들거나 나뭇잎이 상하면 먼저 뿌리에 문제가 있다고 판단합니다. 물을 주거나 비료를 뿌리는 행위는 모두 뿌리의 상태를 개선시키기 위해서입니다.

사람에게도 식물의 뿌리에 해당되는 것이 있는데 그걸 가치관이라고 합니다. 어떤 가치관을 가지고 있는지에 따라 사람들은 서로 다른 선택을 하게 마련입니다. 이 뿌리와 같은 가치관은 절대 변하지 않는 것입니다. 안철수 대표는 자신의 개인적인 가치관이 CEO

로서의 행동 기준과 경영 철학의 근간이 된다고 했습니다.

우리는 좋은 가치관과 나쁜 가치관을 쉽게 구별할 수 있습니다. 안철수 대표의 가치관이 그렇습니다. 그의 가치관은 복잡하지도 않고, 조건이 달라지지도 않습니다. 그의 가치관은 바로 정직, 성실함, 끊임없이 공부하는 자세입니다.

뿌리 : 정직, 성실함, 끊임없이 공부하는 자세

정직

안철수 리더십의 가장 깊은 곳에 자리한 세 가지 가치관 중에서 정직은 그중에서도 으뜸이라고 할 수 있습니다. 리더의 정직성은 기업에서는 투명한 운영과 윤리적인 경영으로 드러납니다. 10년 전 Y2K 바이러스 소동은 정도(正道)에 충실한 그의 면모를 여실하게 보여 주고 있습니다.

1999년은 세기말이라는 불길한 징조와 21세기에 대한 희망이 함께 부풀던 해였습니다. 그러나 컴퓨터 업계에서는 밀레니엄 버그, 즉 Y2K 문제에 대한 위기감이 한없이 고조되고 있었습니다. 특히 Y2K 바이러스에 대한 경고는 그중에서도 지독하게 불길한 것이었습니다. 2000년 1월 1일 Y2K 바이러스가 창궐해 전 세계의 컴퓨터들을 감염시키며 컴퓨터 대란을 몰고 올 것이라는 악성 루머가 쉬지 않고 돌아다녔습니다.

백신 소프트웨어 회사들에게 그야말로 호기가 찾아온 것이었습니다. 전 세계적으로 관련 업체들이 소문을 부추기며 마케팅에 활용했습니다. 국내에서도 다른 업체들은 Y2K 바이러스를 앞세워 백신 소프트웨어 판매에 열을 올렸습니다. 1999년 4월에 이미 CIH 바이러스로 세계에서 가장 큰 피해를 경험했던 한국은 솥뚜껑만 봐도 자라라고 놀랄 준비가 다 되어 있었습니다. 그들에겐 이만한 기회가 없어 보였습니다.

그러나 안철수 대표는 기업들이 소비자들을 기만하고 있다는 사실을 간파했습니다. 그의 생각은 완전히 달랐습니다. 바이러스가 생기려면 먼저 잠복기가 필요하고 바이러스가 퍼져 있어야 하는데 그런 프로그램이 깔려 있지 않으니 Y2K 바이러스가 생길 가능성은 거의 없다는 것이었습니다.

1,000년에 한 번 오는 대목이라 죽어 가는 회사도 살릴 것이라고 할 만큼 큰 시장이었지만 안철수 대표는 거기에 발을 들여놓지

않았습니다. 안 대표는 각 방송국과 신문 등에 보도자료를 내라고 지시했습니다. 그 내용의 요지는 이랬습니다.

"Y2K 피해는 거의 없을 것!"

2000년 1월 1일, 그의 말대로 그렇게 요란을 떨던 Y2K 바이러스 피해는 일어나지 않았습니다.

성실함

그의 성실성은 정평이 나 있습니다. 그는 의대 재학 시절에 V3를 개발했습니다. 의과대학은 우리가 잘 알다시피 배울 것도 많고 공부의 양도 많아 6년을 꼬박 다녀야 의사가 되는 국가고시를 볼 자격이 주어집니다. 의사 자격증을 취득하고 나서도 병원에서 5년 동안이나 수련의와 전공의 과정을 거쳐야 합니다.

그는 V3를 개발하는 동안 낮에는 의사로 일하면서 밤에는 백신 프로그램을 계속 업그레이드하는 일을 손에서 놓지 않았습니다. 드라마나 영화에 나오는 의사는 늘 지쳐 보입니다. 그만큼 힘들기 때문인데 그는 매일 오전 3시에 일어나 6시까지 프로그램을 만들고 칼럼까지 쓰며 두 가지 일을 병행해야 했습니다. 그 생활이 무려 7년 동안이나 계속되었습니다.

　그가 자신을 이런 성실함으로 무장할 수 있었던 데는 세계적인 수학자 히로나카 헤이스케의 이야기가 큰 역할을 했습니다.

　"문제에 부딪히면 미리 그들보다 두세 곱절 더 투자할 각오를 하자. 그것이야말로 평범한 두뇌를 지닌 내가 할 수 있는 유일한 방법이다."

　안철수 대표는 이러한 정신을 늘 마음에 되새기며 스스로를 채찍질했습니다. 우리는 그를 보통을 뛰어넘는 사람으로 알고 있습니다. 그는 30대 초반에 서울대 의대 교수가 되었을 만큼 똑똑한 사람이었고 회사를 세워 국내 최고의 보안회사로 만들었습니다. 그러나 그는 늘 자신을 평범한 사람이라고 여겼습니다.

　심지어는 게으른 사람이라고까지 했습니다. 평범하고 게으른 사람이라면 우리도 해당될지 모르고, 주변에서 늘 볼 수 있으니 특별할 게 없습니다. 여기에 성실의 가치가 있습니다. 안철수 대표는 스스로를 특별하게 여기지 않았기에 성실해질 수 있었던 것입니다. 몸에 밴 성실성은 리더의 품성에서도 드러났습니다.

끊임없이 공부하는 자세

그는 전문가가 되도록 스스로 노력하지 않으면 리더십을 발휘하기 어렵다고 했습니다. 그것도 한 분야의 전문성만으로는 창의적인 조직을 이끌 수 없다는 것입니다. 여러 분야의 전문가들이 한 팀을 이루게 되는 것은 창의성의 탄생이 가진 속성 때문입니다. 열린 구조에서 다양한 지식들이 혼합되어야만 창의적인 결과가 나온다는 비즈니스 모델은 갈수록 보편성을 얻고 있습니다.

리더는 각 분야의 전문가들이 자연스럽게 협력할 수 있도록 팀워크를 잘 짜야 합니다. 프로들일수록 자기 전문 분야를 강조하기 때문에 그러다 보면 서로 다른 언어를 사용하는 것처럼 분란이 일어나 버립니다. 리더는 하나의 언어로 통일할 수 있는 가교 역할을 해야 합니다. 그러기 위해서는 늘 공부하는 자세를 유지하지 않으면 안 됩니다.

안철수 대표는 안철수연구소를 설립한 지 6개월이 지났을 때 기술경영학을 배우기 위해 미국으로 유학길에 올랐습니다. 회사를 꾸려 나가야 되는 사람이 공부를 하러 갔다는 것인데, 자칫 회사가 방만해질 우려도 있었습니다. 그러나 그는 기술경영학 과정을 밟아

나가면서도 매일 회사 업무 처리를 했습니다. 한 달에 한 번씩은 회사로 돌아와 일을 해 나가는 생활이 2년이나 계속되었습니다.

회사가 아직 기반을 잡지 못했음에도 그가 유학을 강행한 것은 지금 꼭 필요한 공부였기 때문입니다. 지금까지는 연구자의 역할이 강했다면 앞으로는 경영자의 역할이 더 중요해질 것이라고 판단한 것입니다. 그러니까 그가 그때 절실하게 여겼던 경영 수업이 있었기에 주식회사로 전환해 본격적인 회사 경영을 해 나갈 수 있었던 것입니다. 배우길 주저하지 않고, 배움에 핑계거리를 만들지 않는 것이 끊임없이 공부하는 자세입니다.

줄기 : 삶의 원칙과 판단 기준

아무리 훌륭한 가치관을 가지고 있다 하더라도 현실에 부딪히면 얘기가 달라집니다. 줄기와 잎은 늘 해충들의 공격 대상이 되고, 꺾이거나 잘려지는 외부 환경에 노출되어 있습니다. 웬만한 체력과 정신으로는 견뎌 내기가 쉽지 않을 만큼 현실은 냉혹합니다. 게다가 수많은 유혹들이 눈앞을 가립니다. 기업 환경은 정직보다는 편

법으로 더 일이 잘되기도 하는 모순을 보여 줍니다. 정도를 지킨다는 것은 이상에 불과해 보일 정도입니다.

안철수 대표의 가치관이 빛을 발하는 순간들은 이 살벌한 실천의 영역이었습니다. 누구나 정직하고 성실하고 끊임없이 공부하는 것이 좋다는 것을 알고 있습니다. 그러나 원칙과 기준이 없다면 냉엄한 현실과 맞설 수 없습니다. 그는 가치관을 지켜 내기 위해 그의 저서 『지금 우리에게 필요한 것은』에서 삶의 원칙과 판단 기준을 정리했습니다. 그의 삶의 원칙을 나에게 적용할 때와 타인에게 적용할 때를 구분하면 이렇습니다.

> 나에게 적용할 때
> · 매 순간 최선을 다하고, 끊임없이 변화하며 발전하기 위해서 노력한다.
> · 목표를 세우고 스스로를 채찍질한다.
> · 결과도 중요하지만 과정을 더 중요하게 생각한다.
> · 스스로를 다른 사람과 비교하지 않으며, 외부 평가에 연연하지 않는다.

· 항상 자신이 모자란다고 생각하며, 조그만 성공에 만족하지 않으며, 방심을 경계한다.
· 기본을 중요하게 생각한다.
· 천 마디 말보다 하나의 행동이 더 값지다고 생각한다.

타인에게 적용할 때
· 나이와 성별, 학벌 등으로 차별을 두지 않는다. 중요한 것은 능력이다.
· 다른 사람의 의견을 존중하고, 각자의 다양성을 인정한다.
· '너는 누구보다 못하다'는 식으로 다른 사람끼리 비교하지 않는다.
· 다른 사람을 나 자신의 이익을 위해서 이용하지 않는다.
· 내 스타일을 다른 사람에게 강요하지 않는다.

또 하나의 줄기는 판단 기준입니다. 그는 결정을 내려야 할 때 다음과 같은 세 가지 판단 기준을 되새긴다고 합니다.

· 원칙을 지켰는가?

· 본질에 충실하였는가?

· 장기적인 시각으로 보았는가?

그는 원칙을 지키는 것이 힘든 이유를 간단하게 이야기합니다. 원칙을 지킬 수 없도록 만들어진 상황에서 원칙을 지켜야 하기 때문이라는 것입니다. 그러고 보면 원칙이 위협받을 때 유혹에도 쉽게 빠집니다. 원칙을 지켜야 한다는 압박이 강해질수록 수정하고 싶은 유혹도 강렬해집니다. 안철수 대표는 그처럼 힘든 상황에서도 원칙을 지켜 간다면, 언젠가는 큰 힘을 발휘하게 될 것이라고 했습니다. 당장의 유혹을 견뎌야 할 때 안철수 대표의 이 말을 명심하십시오.

안철수 대표는 선택이 여러 갈래로 나뉠 때는 본질과 직접적인 관련이 있는 것들만 고려해서 판단을 내린다고 합니다. 그 결과 대부분은 옳은 결정이었다고 합니다.

나의 목표는 무엇인가, 나는 왜 그 일을 하는가, 문득 의심이 들 때가 있습니다. 그럴 때는 늘 초심으로 돌아가 보아야 합니다. 내가 목표를 처음 세웠던 시간, 내가 그 일을 하리라고 마음먹었던 시간, 그리고 가슴에 북받쳐 맹세했던 시간, 거기에 본질은 또렷이 눈 뜨고 있습니다.

꽃 : 리더십

그는 회사의 핵심 가치로도 공유될 만큼 의미 있는 가치관을 변함없이 유지해 왔습니다. 그리고 매사를 변함없는 원칙과 기준으로 처리함으로써 일관된 신뢰를 주었습니다. 우리는 앞에서 리더의 선택이 보여 준 네 가지 사례를 먼저 보았습니다. 그것은 바꿔 말하면 네 송이의 아름다운 꽃이라고 말할 수 있습니다. 그 꽃의 이름은 바로 리더십입니다.

마지막으로 리더의 선택으로 돌아갈 시간입니다. 리더로서 그의 선택이 어떻게 이루어진 것인지 살펴보겠습니다. 그 꽃들의 향기를 모아 자신의 향수로 만들 시간이기도 합니다.

그가 7년 동안이나 백신 프로그램을 누구나 쓸 수 있도록 한 것은 정직이라는 가치관에서 뻗어 나온 삶의 원칙 중에서 '다른 사람을 나 자신을 위해 이용하지 않는다'는 원칙을 실천한 것입니다. 소비자를 돈벌이 대상으로만 여기지 않고, 그들의 컴퓨터 환경에 도움이 되는 것을 더 중요하게 여겼기 때문입니다. 쉬운 길이 아닌 어려운 길, 더 큰 길로 과감하게 들어설 수 있었던 것은 성실함, 즉 결과보다는 과정을 더 중요하게 여겼기에 가능했습니다.

맥아피가 어마어마한 돈을 제시하며 회사를 팔라고 했을 때 그가 단호하게 거절할 수 있었던 것은 안철수연구소를 설립한 본질에 충실했기 때문입니다.

그는 컴퓨터로 대변되는 IT 세상을 예견했고, 보안 솔루션의 중요성을 간파했습니다. 안철수연구소 설립 당시 이러한 보안 솔루션을 지속적으로 개발하고 공급해 사회에 기여하겠다는 목표가 있었습니다. 안철수연구소 설립의 본질은 단순한 이윤 추구가 아니라 궁극적으로 사회 기여에 높은 비중을 두었습니다.

이런 본질에 충실했기에 그의 판단 기준은 팔 것이냐, 말 것이냐가 아니었습니다. 이런 대기업과 어떤 제휴를 통해 안철수연구소를 더 발전시킬 것인가 하는 것이 기준이 되었던 것입니다.

결국 맥아피는 마지못해 안철수연구소에 전략적 제휴를 제안했고 안철수연구소는 모든 것을 다 지켜 내는 것은 물론이고 자신보다 훨씬 더 큰 회사와 대등하게 제휴를 맺을 수 있었던 것입니다.

미국의 경제지 「포춘」도 혁신 등 효율적인 경영을 통한 우수한 경영 성과 달성은 단지 존경받는 기업의 조건 중 70퍼센트를 충족한 것일 뿐이라고 했습니다. 투명성과 사회적 책임 등으로 나타난 기업의 사회적 리더십이 존경받는 기업의 나머지 30퍼센트를 결정한다는 것입니다. 그는 회사를 설립한 지 2년밖에 되지 않았지만 그의 가치관과 더불어 본질과 원칙에 충실한 판단 기준이 몸에 배어 있어 본능적으로 사회적 리더십을 발휘한 것입니다.

벤처 회사가 주식 시장에 상장되면 그 회사의 대표는 순식간에 돈방석에 올라앉는 일이 흔했습니다. 신문 지상에는 주식 가치를 따져 가며 몇 번째 부자가 되었다는 기사가 나기도 합니다.

그러나 그는 자신의 주식을 직원들에게 아낌없이 무상으로 나눠 주었고, 그의 아름다운 분배가 언론을 통해 알려진 것은 2주나 지난 다음이었습니다.

안철수 대표는 이 일이 내부의 일이고 자랑할 만한 것도 아니니 외부에 알려질 필요가 없다고 못 박고 매체에 보도자료를 돌리는 일도 금지시켰습니다. 이 미담은 결국 입소문을 타고 알려져 안 대표가 인터뷰를 거절하느라 곤욕을 치르기도 했습니다.

안철수연구소는 한국회계학회 투명회계대상을 수상할 만큼 돈의 흐름과 관리가 투명하기로 손꼽히는 회사입니다. 분기별 연간 매출은 회사 성장의 지표와 같아 주식 가격에도 영향을 줍니다. 그래서 매출 부풀리기가 횡행하는데, 안철수 대표는 오히려 실매출로 회계제도를 운용해 오히려 실제 매출과 영업이익보다 낮게 발표가 되어 화제를 낳은 적도 있었습니다.

정직이라는 가치관과 원칙에 충실한 기준으로 만들어진 회계 제도는 안철수연구소를 더욱 신뢰할 수 있는 회사로 인식시키는 데 큰 역할을 했습니다.

한번은 안철수연구소의 한 백신 프로그램이 마이크로소프트의 최신 윈도 서비스의 운영 파일을 악성코드로 오인해 삭제하는 사건이 발생하였습니다. 일대 혼란이 야기되었고, 문제는 심각해 보였습니다.

그러나 안철수연구소는 정직하게 대응했습니다. 해외 출장 중이던 대표가 급거 귀국해 사고 다음 날 모든 언론에 사과문을 발표했습니다. 오히려 한 명의 피해도 발생하지 않도록 이 사실을 보도해 달라고 방송국에 직접 연락을 했습니다.

PC 부팅 자체가 되지 않았으므로 복구 프로그램이 담긴 CD를 제작해 직접 피해자에게 퀵서비스로 배달하였습니다. 오프라인으로 직접 복구 프로그램을 보내는 일은 소프트웨어 업계에서 유례없는 일이었습니다.

인터넷에 올라온 오진 사고 기사에 일일이 직원들이 사과 리플을 올리며 소동이 확대되는 것을 막았습니다. 이 사건은 안철수 대표가 CEO 자리에서 물러난 뒤에 일어난 일입니다.

그러나 이러한 사태에 대한 대처는 안철수 대표가 재임 중이었을 때와 별반 다를 게 없었습니다. 다시 말해 이제 안철수연구소에 안철수는 없지만, 대신 그의 가치관이 녹아든 핵심 가치가 기업의 뿌리가 되어 가고 있었기 때문입니다.

안철수
INTERVIEW

　안철수 대표는 이미 10여 권의 책을 출간한 베스트셀러 작가이기도 합니다. 그의 책들은 중요한 전환점에 서 있을 때마다 나온 것이라고 합니다. 그만큼 진지하고 현재성을 가진 글들은 출간될 때마다 많은 독자들에게 나침반 역할을 톡톡히 해 주었습니다.

　그에게 직접 들어 보는 '십대를 위한 리더십'도 소중한 나침반과 같을 것입니다. 당장은 아니더라도 든든한 나침반이 있다면 언제고 길을 찾아야 할 때 큰 힘이 될 것입니다.

　예상했지만 그가 리더십에서 첫 번째로 꼽은 것은 무엇보다 '신뢰'였습니다.

　"CEO로 10년간 기업을 경영하면서 느낀 것은 리더에겐 '신뢰'가 가장 중요하다는 것이었습니다. 리더십은 결국 사람과 사람의 관계 문제입니다. 인간관계에서 신뢰가 가장 중요하듯, 리더십에서도 신뢰의 형성이 가장 중요한 것입니다.

신뢰를 얻기 위해서는 상대방을 자신의 이익을 위해 이용하지 않겠다는 진실한 마음가짐이 선행되어야 합니다. 또한 솔선수범을 통해 스스로 일관성 있게 원칙을 지키고, 성실하게 상대방과의 약속을 지키는 모습을 보여 주는 것이 필요합니다. 신뢰만 형성되면 리더십의 절반은 채워진다고 생각합니다.

다음으로 리더에게 요구되는 가장 기본적인 요건은 '철학'입니다. 스스로 자신의 생각을 뚜렷하게 정리할 수 있어야 합니다. 그중에서도 조직의 이익과 개인의 이익이 상충될 때, 개인의 이익을 버리고 조직의 이익을 택할 수 있는 사람만이 한 조직의 리더가 될 자격이 있습니다. 이것은 조직이 작든 크든 마찬가지입니다.

말은 쉽지만 실제로 그러한 상황이 닥쳤을 때 그러한 선택을 할 수 있는 사람은 많지 않습니다. 참된 리더가 빛을 발하는 것도 그러한 이유 때문입니다.

또한 리더십의 핵심은 '원칙과 일관성'입니다. 원칙은 매사가 순조롭고 편안할 때에는 누구나 지킬 수 있습니다. 상황이 어렵다고, 나만 바보가 되는 것 같다고 한두 번 자신의 원칙에서 벗어난다면 그것은 진정한 원칙이 아니며, 어떤 문제에 봉착했을 때 그것을 해결하고 돌파해 나가는 현명한 태도도 아닐 것입니다."

안철수연구소를 이끌어 오면서 개인적으로 가장 큰 위기가 언제였는지 궁금했습니다. 바로 그 위기의 지점에 서 있는 안철수 대표를 상상해 보고 싶어서 던진 질문이었습니다. 위기는 그에게 무엇이었으며, 무엇이 될 수 있었는지도 알고 싶었습니다. 안철수 대표는 시간을 한참 거슬러 올라갔습니다.

"회사를 경영하는 동안 가장 어려웠을 때는 창업 초기였습니다. 1995년에 창업을 했는데, 수익모델이 따로 없었기 때문입니다. V3를 무료로 보급하면서 인지도는 높았지만 수익을 낼 수 없었습니다. 그러나 인터넷, 네트워크 등의 보급으로 정보의 개방과 공유가 활발히 이루어짐에 따라 보안이 필수 요소가 되었고 그에 따라 시장이 성숙하기 시작했습니다.

1997년은 힘들었던 한 해였습니다. 당시 저의 고민은 외국 기업과의 기술 격차였습니다. 외국 기업들은 이미 개인용 백신뿐 아니라 인터넷·네트워크용 백신을 갖추어 놓고 있었는데, 불행히도 우리 회사는 개인용 컴퓨터 백신밖에는 가지고 있지 않았습니다. 이미 기술 격차는 1년에서 2년 정도 벌어진 상태였습니다. 인터넷 사용 인구가 급속히 증가하고 바이러스 숫자가 많아지면 대처하는 데 2년 가까운 시간이 또다시 소모될 것 같았습니다. 어떻게 하면 외국 기업들의 거센 공세를 막아 내고 기술 격차를 따라잡을지 참 막막했습니다. 또한 1997년 무렵부터 외국 기업들이 지사를 설립하는 등 공격적으로 국내 시장에 진입했습니다.

게다가 나는 미국 유학을 마치고 귀국한 지 이틀 만에 덜컥 병이 나서 입원을 하게 되었습니다. 10년 정도 공부와 프로그래밍을 병행하면서 쌓인 피로가 급성간염으로 나타난 것이었습니다. 11월 어느 날 병상에 누워 있는데, TV에서는 IMF 관리체제에 들어선다는 뉴스가 방송되고 있었습니다.

CEO는 아파서 드러눕고 나라 상황도 이렇게 되고 보니 과연 안철수연구소가 살아남을 수 있을까 의문이 들 정도였습니다. 개인적으로는 병으로 상당한 고생을 했고 회사 역시 주위환경 변화로 어려움을 겪었던 1997년 말이 가장 힘들었던 것 같습니다.

하지만 위기는 곧 기회라는 말이 그대로 들어맞았습니다. 외환 위기는 안철수연구소에 커다란 기회가 되었기 때문입니다.

나는 스스로가 회사 경영에 무지하다는 사실을 잘 알고 있었기에 회사를 경영하는 데 매우 보수적인 태도를 견지했습니다. 빚을 내지 않는 대신 3년 동안 월급을 받지 않았을 정도였습니다. 그 덕에 그나마 현금흐름을 유지할 수 있었고 빚 없이도 회사 운영이 가능해졌는데, 그것이 IMF 관리체제에서 힘을 발휘했습니다.

빚을 얻어 사업을 확장하던 회사들이 망하고, 한국 상황의 악화로 지사를 철수하는 외국 기업들이 생기는 상황에서 안철수연구소는 내외적으로 경영 상태에 아무런 변화가 없었습니다. 여기에 추가로 고급 인력들의 이동으로 작은 기업도 우수 인력을 확보할 수 있게 되었습니다.

게다가 건물임대료가 내려 고정비용이 줄고, 건강도 1998년 즈음부터 조금씩 호전되기 시작했습니다. 덕분에 그해부터 연구개발에 모든 힘을 쏟아 연말에는 세계에서 네 번째로 인터넷·네트워크 서버용 백신을 개발했습니다. 기술 격차를 좁히는 것은 물론 대등한 경쟁을 할 수 있게 되었습니다.

기술 격차 극복, 내부 조직 구성 정비, 영업 채널 확보 등 큰 위기를 넘기고 난 후에는 토털 보안 기업으로 성장할 수 있는 기반을 마련한 뜻깊은 한 해가 되었습니다.

그 후 계속 성장하던 안철수연구소는 2003년에 다시 위기를 맞았습니다. 창사 이래 처음으로 성장이 정체된 것입니다. 이 시기를 보내면서 여러 가지 살아 있는 교훈들을 얻을 수 있었습니다.

한 사람의 인생도 그렇지만 여러 사람이 모인 조직도 작든 크든 모두 흥망성쇠가 있게 마련입니다. 태어나서 죽을 때까지 좋은 일만 있는 사람은 없는 것과 마찬가지로, 한결같이 잘되기만 하는 단체나 국가는 인류 역사상 존재하지 않습니다. 새옹지마(塞翁之馬)라는 표현대로, 좋은 시기가 있은 다음에는 어려운 시기가 있게 마련이고, 어려운 시기를 잘 보내면 다시 좋은 시기가 오는 형태가 반복됩니다.

이렇게 인생 전체를 놓고 보면 잘되는 시기에 얼마나 잘되는지가 중요한 게 아니라, 어려운 시기를 어떻게 보내느냐가 더 중요하다는 생각이 들었습니다. 누구에게나 닥치는 어려운 시기를 슬기롭게 보내는 개인이나 조직은 다시 잘되는 시기를 맞이하지만, 어려운 시기를 잘 보내지 못하는 개인이나 조직은 망하게 마련이기 때문입니다.

개인이나 조직이 어려운 시기를 잘 보내기 위해서 해야 할 일이 무엇인지, 경험을 통해서 알게 된 세 가지 사항은 다음과 같습니다.

첫째, 유혹에 빠지지 말아야 합니다. 어려운 시기가 지속되면 편법적이거나 정당하지 못한 수단을 써서라도 고통에서 벗어나고 싶은 것이 인지상정입니다. 정당하지 못한 방법을 사용하면 단기적으로는 쉽게 문제가 해결되는 것처럼 보일 수도 있지만 결국은 더 큰 어려움을 불러오게 됩니다. 정당하지 못한 방법을 사용했다는 사실이 주위에 알려져 더 큰 문제가 발생할 수 있으며, 설령 알려지지 않는다 하더라도 근본적인 처방이 될 수 없어 결코 어려운 상황에서 헤어나지 못하게 되기 때문입니다.

둘째, 문제점을 파악하고 고치는 일입니다. 잘되는 시기에는 문제점이 보이지 않는 법이며, 문제점이 보이더라도 바빠서 고칠 만한 여유가 없는 경우가 많습니다. 따라서 어려운 시기야말로 그동안 고치지 못했던 문제점을 파악하고 이를 바로잡을 수 있는 절호의 시기이며 하늘이 준 기회라고 할 수 있습니다. 어려운 시기에 문제점을 파악하고 고쳐 놓는 개인이나 조직만이 대내외 여건이 좋아졌을 때 다시 좋은 시기를 맞이하고 발전할 수 있을 것입니다.

셋째, 미래에 대한 믿음을 가지고 서로를 격려하는 태도가 필요합니다. 어려운 시기를 오랫동안 겪다 보면 개인들이나 조직 내의 조직원들은 사기가 저하되기 쉽습니다. 원론적인 이야기 같지만 이러한 때는 스스로도 마음을 다잡고 서로를 격려해 주며 희망을 가지고 열심히 노력하는 자세가 절실히 필요합니다. 사기를 잃지 않는 것, 그것은 일의 결과에 매우 큰 영향을 미칩니다.

이러한 세 가지 일은 개인이나 작은 조직뿐만 아니라 국가와 같은 큰 조직에도 마찬가지라고 생각합니다. 지금 우리가 겪고 있는 어려운 시기에 이러한 일들을 잘 지켜 나간다면, 우리는 다시 발전해 나갈 수 있을 것이라 믿습니다."

마지막으로 안철수 대표에게 실질적인 청소년들의 고민에 대해 질문해 보았습니다. 이미 많은 청소년들은 크고 작은 모임 활동을 통해 리더십을 훈련하고 있습니다. 아직 조직 문화에 서툴고 오류도 많은 게 자연스러울지 모릅니다. 그래서 마음에 상처를 입을 수도 있습니다. 지금 자신이 속한 모임에서 리더로서 혹은 팀원으로서 문제가 있다면 어떤 원칙들을 가지고 극복해야 할지 물었습니다. 안철수 대표가 청소년들에게 마지막으로 남긴 메시지는 늘 마음에 새겨 둘 만한 것이었습니다.

"목표에 도달하려면 나침반을 가지고 있어야 길을 잃고 헤매더라도 결국 방향을 제대로 잡을 수 있습니다. 특히 청소년이나 학생들에게 자기 나름대로 방향을 잡는 데 이런 조언이 도움이 될 것 같군요.

첫 번째는 '자신에게는 엄하고 다른 사람에게는 관대하라.'는 것입니다. 이것은 말처럼 쉬운 일은 아닙니다. 자신에게는 관대하고 다른 사람들에게는 엄하기 쉽습니다. 그렇지만 어떻게 보면 그런 태도가 많은 사람들이 발전 없이 제자리에만 머무르게 하는 이유가 아닐까 생각합니다.

두 번째는 '다른 사람과 비교하면서 살지 말라.'는 것입니다. 특히 다른 사람의 내적인 능력과의 비교가 아닌, 외적인 모습만의 비교는 삶을 불행하게 할 뿐입니다.

세상에는 잘난 사람이 많습니다. 말 잘하는 사람, 재산이 많은 사람, 그리고 지위가 높은 사람, 이렇게 외적으로 보이는 모습들은 일종의 결과로 나타나는 것이라고 생각합니다. 다른 사람의 내적인 능력과 자신을 비교하는 것은 발전에 자극이 될 수도 있지만, 결과로 나타나는 외적인 부분들만 가지고 비교를 한다면 여러 가지 부작용이 생길 수 있습니다. 특히 멀리 있는 사람이 아니라 같이 일하는 주변 사람들의 외적인 모습과 자신을 비교하는 것은 불행한 삶을 초래할 수 있습니다.

세 번째는 '매사에 긍정적으로 생각하면서 살라.'는 것입니다. 긍정적인 시각으로 사물과 현상을 해석하는 사람들은 스스로가 즐거울 뿐만 아니라 주변까지 밝게 만듭니다. 반면에 부정적이고 방어적인 사람들은 다른 사람이나 주변 상황에 대해서 불평하고 절망하면서 주위 사람들을 긴장시키고 조직 전체에 나쁜 영향을 미칩니다.

외부적인 환경이 나쁘다고 해서 그 환경을 탓하고 불평하는 것만으로는 상황을 바꿀 수도 없을 뿐더러 자신에게도 도움이 되지 않습니다. 극복하려는 노력도 하지 않고 그렇다고 주어진 일에도 최선을 다하지 않다 보면, 결국 자기 인생만 낭비하는 결과를 초래할 뿐입니다. 따라서 부정적이고 방어적으로 살기보다는 자기 자신을 바꾸거나 환경을 바꾸도록 노력하는 것이 중요하며, 그러한 삶이 가치 있는 삶이라고 생각합니다.

네 번째는 '매 순간을 열심히 살라.' 는 것입니다. 우리는 살아가면서 여러 가지 많은 어려움을 겪습니다. 매 순간 어려움에 닥쳤을 때 쉽게 포기하기보다는 바로 지금이 내 한계를 시험하는 순간이라는 마음으로 노력하는 것이 중요합니다. 쉽게 포기해 버린다면 바로 거기가 자신의 인생에서 평생 다시는 넘지 못할 한계가 되는 것입니다.

다섯 번째는 '미래의 계획을 세우라.' 는 것입니다. 자신의 20대, 30대, 40대, 50대, 60대의 모습을 스스로 그려 보는 것입니다. '계획 없는 삶은 꿈이 없는 삶이고, 꿈이 없는 삶은 불행한 삶이다.' 는 말이 있습니다. 꿈이라는 것은 꿈 그 자체에 의미가 있는 것이라고 생각합니다. 어떠한 꿈이 이루어질 수 있느냐 없느냐가 중요한 것이 아닙니다. 인생에 방향성을 제시함으로써 활력을 주고 발전적으로 살아가게 하는 것이 꿈이 가지는 진정한 의미입니다. 그리고 만약 노력 끝에 현실로 이루어질 수 있다면 더욱 좋지 않겠습니까?

마지막으로 여섯 번째는 '각자 자신에게 맞는 삶의 철학, 즉 원칙을 가져라.' 입니다. 원칙을 정하는 것이 엄청난 일이라고 생각할 필요는 없습니다. 지금까지 살아온 삶을 되돌아보고 그 삶과 행동에서 일관성을 찾으면 그것이 바로 자기 나름대로의 삶의 원칙이 되는 것입니다. 중요한 것은 그 일관성을 인식하는 것입니다. 스스로 인식함으로써 자기 자신의 무게중심이 설 수 있기 때문입니다.

그렇지만 처음부터 완벽한 원칙을 세워야 한다는 강박관념에 사로잡힐 필요는 없습니다. 실천해 나가면서 수정하고 보강하면 되기 때문입니다. 반면에 그런 원칙조차 없다면 삶을 살아가는 동안 흔들리고 우왕좌왕하다가 좌절할 수 있습니다. 보통 종교를 가진 사람들이 시련을 이겨 내는 힘이 크다고 하는데 그 이유는 종교에는 나름대로의 가이드라인, 즉 원칙이 있기 때문일 것입니다.

스스로 자신의 인생을 경영하는 CEO로서 인생의 원칙을 하나하나 정립하고 만들어 간다면 그 삶은 의미 있는 삶이 될 것입니다. 그리고 그러한 원칙을 가지고 스스로 자기 인생의 주인으로 살아가는 사람들은 힘들 수는 있지만 불행하지는 않을 것입니다."

Lecture 03   소프라노 조수미

내가 가장
즐거운 것을 찾아라

그녀는 떨리지 않았습니다. 이제 곧 오페라가 시작될 것입니다. 오히려 무대에 설 생각을 하니 설레기만 했습니다. 관객들보다 태연한 것 같아 스태프들이 놀랄 정도였습니다. 저 당당한 자신감은 어디서 나오는 걸까 궁금하기도 했고요. 왜냐하면 오늘은 그녀가 데뷔하는 날이기 때문입니다. 그것도 리골레토의 딸 질다 역으로 말입니다.

질다는 오페라 〈리골레토〉의 주인공이니 그녀는 프리마돈나라고 할 수 있습니다. 고작 스물세 살의 나이였습니다. 그런데 베테랑처럼 여유마저 느껴졌던 것입니다. 더군다나 동양인이었는데 말이죠.

오페라는 그동안 서양의 고급 문화로 그들만의 전유물처럼 여겨졌습니다. 오페라의 본고장 이탈리아가 자랑하는 트리에스테 극장이라면 두말할 나위가 없겠죠. 여기에 주인공 역이 키 작은 젊은 동양인, 그것도 한국인이라니 믿을 수 없는 일이었습니다. 자연히 선입견이 있었을 테지요. '얼마나 대단한 동양인일까?' 하는 기대보다 '동양인 주제에 얼마나 잘하나 보자.' 하는 심보도 없지 않았을 것입니다.

하지만 그녀가 무대에 서자 모든 편견이 눈 녹듯 사라졌습니다. 관객들은 지금까지 들은 적이 없는 완벽한 질다의 노래를 들었으니까요. 사랑에 번민하는 여주인공의 슬픔이 가슴에 비수처럼 박혔습니다. 막이 내리자 세상에서 가장 눈이 높다는 이탈리아의 관객들이 모두 일어섰습니다. 그들은 환상의 목소리를 가진 신인에게 아낌없는 기립 박수를 보냈습니다.

커튼이 다시 열렸을 때 그녀는 이미 신인이 아니었습니다. 누구도 그녀가 오늘 데뷔했다는 걸 알아차리지 못할 정도였습니다. 세계적인 소프라노 조수미의 등장은 감격과 환희보다는 개선장군처럼 당당하고 자연스러웠습니다. 혜성처럼 등장한 신예가 아니라 이미 스타덤에 오른 것처럼 반짝였습니다.

1986년 10월 21일 트리에스테 극장에서 첫 무대에 오른 것을 시작으로 조수미의 이름은 세계에 퍼져 나가기 시작했습니다. 그녀는 성악가라면 평생 단 한 번 서 보는 게 소원인 세계 5대 오페라극장들(이탈리아 밀라노의 라 스칼라, 프랑스 파리의 바스티유 오페라극장, 미국 뉴욕의 메트로폴리탄 오페라극장, 영국 런던의 코번트가든 왕립오페라극장, 오스트리아의 빈 국립오페라극장)을 차례로 정복하였습니다.

관객과 언론의 찬사가 이어지고 세계적인 지휘자들도 그녀와 함께 무대에 서기를 갈망하게 되었습니다. 그녀를 만난 헤르베르트 폰 카라얀은 감격에 겨워하며 말했습니다.

"수미 조의 목소리는 신이 내린 목소리요. 100년에 한 번 나올까 말까 한 그런 목소립니다."

그는 성악가 조수미가 한국인이라는 걸 알고는 한국의 음악적 위상마저 재고하게 되었다고 했습니다. 비단 카라얀뿐만이 아니었습니다. 주빈 메타, 게오르그 솔티 경, 로린 마젤, 제임스 르바인 같은 세계적인 지휘자들의 러브콜이 이어졌습니다.

그녀가 무대에 나올 때마다 그것은 한국 문화의 수준을 대변하는 것이었습니다. 당시는 동양인이 굴지의 오페라 무대에서 주역을 맡는 것도 이례적이었습니다. 게다가 그때만 해도 문화적으로 잘 알려지지 않았던 한국에서 온 프리마돈나라니요. 그녀는 한국이라는 이국의 이미지와 자연스럽게 겹쳐졌습니다. 그러니까 조수미의 이미지는 곧 한국의 이미지였습니다. 지금으로부터 20여 년 전에 그녀는 이미 유럽에서 한류를 일으켰던 선구자였습니다.

1993년 소프라노 조수미가 녹음한 명반 〈그림자 없는 여인〉은 그해 최고의 오페라 음반으로 선정되었습니다. 같은 해 이탈리아 음악계가 선정한 최고의 소프라노에도 뽑혀 황금기러기상을 거머쥐었습니다.

이탈리아는 예나 지금이나 성악 분야에서는 타의 추종을 불허하는 그야말로 오페라의 종주국입니다. 여기서 가장 뛰어난 소프라노로 선정되었다는 것은 곧 세계 최고의 소프라노로 인정받았다는 뜻입니다.

그로부터 10여 년이 지난 뒤엔 이탈리아에서 수여하는 국제푸치니상을 수상했습니다. 이 상은 푸치니 탄생 150주년을 맞아 푸치니상을 확대한 것인데, 첫 수상자가 이탈리아 인이 아니라 한국인이라는 것은 이례적이었습니다.

세계 3대 소프라노로 일컬어지는 성악가 조수미가 한국인에게 더욱 사랑받고 존경받는 데는 그만한 이유가 있습니다. 그녀는 한국에서 벌어지는 세계적인 이벤트엔 어김없이 등장했습니다. 세계가 사랑하는 소프라노이자 한국의 자랑인 그녀가 서는 무대는 늘 한층 더 빛났지요.

사실 이보다 더 그녀를 빛나게 하는 게 있습니다. 국내외적으로 진행된 데뷔 20주년 행사로 전국투어를 기획한 것입니다. 한반도 남단 거제도에서 강원도 춘천까지 지방 소도시에서 관객을 만났습니다.

공연마다 전석 매진이라는 초유의 기록을 세우며 그녀는 고국의 관객들에게 행복을 주었습니다. 그녀가 더욱 아름다운 이유가 여기에 있습니다. 작은 도시의 시민회관에서 세계 정상의 소프라노의 노래를 듣는 그 꿈 같은 일을 현실로 만들었으니까요.

그녀의 재능이 더욱 돋보이는 순간이었습니다. 음악을 원하는 모든 이들과 나누는 일이야말로 자기 재능에 대한 궁극의 탐구일 것입니다. 이번 강의에서는 성악가 조수미의 아름다운 도전기를 통해 자기 재능의 탐구가 어떻게 이루어지는지 보게 될 것입니다.

사람은 누구나 한 가지라도 재능을 타고나게 마련입니다. "나에겐 아무런 재능이 없다."는 말은 새빨간 거짓말입니다. 발견하지 못했는지는 몰라도 재능이 없는 인간은 없으니까요. 특출나지는 않더라도 내 안의 가장 나은 것, 그것들이 바로 재능입니다.

남들과 견주기 전에 가만히 자신의 재능을 관찰해 보세요. 돋보기로 들여다보듯 관찰하고 탐구해 보세요.

나는 나의 재능을 발견하려고 어떤 노력들을 기울였는가, 혹시 나의 재능을 외롭게 방치하고 있지는 않은가, 누군가 나의 재능에 대해 성의껏 얘기해 준 조언을 흘려듣지는 않았는가, 좀 더 기량을 펼칠 기회가 있는데 겁을 먹고 주저앉아 있지는 않은가, 심지어 나의 재능을 함부로 대하고 있지는 않은가, 왜 나는 나의 재능에 헌신하는지 알고 있는가, 이러한 문제들에 봉착해 있다면 성악가 조수미의 음악 인생을 통해 곰곰이 생각해 볼 기회를 가질 수 있을 것입니다.

우리는 모두 재능의 소유자입니다. 나에겐 나만의 아름다운 재능이 있습니다. 누가 뭐래도 그건 내 것입니다. 이제 그것을 하나하나 관찰해 볼 때입니다.

재능을 탐구하는 7가지 방법

내가 가장 행복한 데에 재능이 있다

성악가 조수미는 어려서부터 재능이 많았습니다. 그녀는 뛰어난 집중력과 끈기를 가지고 있었기에 어느 분야에서든 원하는 목표를 이루었을 것입니다. 그녀는 특히 음악 분야에 큰 소질을 보였습니다. 피아노와 노래는 두드러졌습니다. 그러나 그녀는 피아노를 선택하지 않고 성악의 길을 걷게 됩니다. 여기에는 그녀의 은사이자 한국 합창음악의 거장인 유병무 선생님의 권유가 결정적이었다고 합니다.

여기서 주목해야 할 것은 그녀의 선택입니다. 결국 어느 재능을 선택하느냐는 자신에게 달려 있었으니까요. 그녀는 오래 고민하지 않았습니다. 은사님의 말대로 노래를 선택하였습니다. 이러한 재능의 선택은 고작 중학생 때 이루어진 것입니다. 그때 그녀는 얼마나 멀리까지 비전을 보았을까요?

서울대 성악과 수석 입학, 로마의 산타 체칠리아 음악원 졸업, 세계적인 콩쿠르 연속 우승, 베르니 극장에서의 초연, 내로라하는 최고의 지휘자들 및 오케스트라와의 협연, 세계 최정상의 소프라노, 이 중 어느 하나라도 구체적인 형상으로 비전을 가지고 있지는 않았을 것입니다.

또한 유병무 선생님은 어린 조수미의 재능만을 보았을까요? 그 두 재능을 저울에 달듯 개량화해 본 것일까요? 그는 예술학교의 선생님이었습니다. 아무리 발군의 능력을 가지고 있다손 치더라도 그게 전부가 아니라는 걸 선생님은 알아차렸을 것입니다. 그는 아마도 한 소녀의 행복을 읽었을 것입니다. 어느 것이 그녀를 더 행복하게 할 것인가?

중학생 조수미 역시 피아노보다 노래가 자신을 더 행복하게 해 준다고 느꼈습니다. 피아노에서도 뛰어난 재능을 보였지만 노래를 부를 때만큼 행복하지는 않았던 것입니다. 그녀는 행복이 더 큰, 앞으로도 더 커질 재능을 선택한 것입니다.

그녀는 자신이 피아노를 선택했다면 오늘의 조수미는 존재하지 않았을 것이라고 단언합니다. 이 말은 이렇게 표현해도 무방할 것입니다. 피아노를 선택했더라면 성공했더라도 덜 행복했을 것이라고.

우리가 가진 재능들 중에서 어떤 재능은 아쉽게도 행복을 너무 나 가볍게 희생시키곤 합니다. 단지 성공의 값어치가 너무 커서, 혹 은 타인의 소망을 어쩌지 못해서 원하지 않은 재능을 선택하기도 합니다. 그래서는 아무리 높은 성취를 이루어도 행복하지 않을 것 입니다.

반면에 그녀처럼 성공하지는 못했더라도 평생 나의 재능으로 행 복할 수 있다면 그보다 더 큰 성공은 없을 것입니다.

너무 힘들어서 포기하고 싶을 때도 있습니다. 괴로울 때도 있습 니다. 한계에 부닥치기도 합니다. 그래서 집어치우고 싶은 마음도 잠깐씩 듭니다. 그럴 때조차 변하지 않는 것은 "내가 행복한가?" 하 는 질문에 대한 똑같은 대답일 것입니다. 그래도 나는 행복하다고.

헌신적으로 재능을 사랑하라

사람에 대한 사랑은 누구도 장담하지 못합니다. 장담할 수 있는 것은 재능에 대한 아낌없는 사랑뿐입니다. 변함없이 내가 사랑할 수 있는 대상이 바로 재능입니다.

재능에 대한 사랑은 이처럼 조건 없는 사랑이어야 합니다. 미래의 성공에 집착하면 현실에 급급해서 기본기를 탄탄하게 쌓을 수 없습니다. 재능이 자신을 인정해 주는 보폭은 늘 나란합니다.

그렇더라도 외로운 사랑은 정말 견디기 힘든 것입니다. 그녀는 1980년대 초반, 외국 유학이 드물었던 당시에 혈혈단신으로 타국으로 떠나 이탈리아 로마의 산타 체칠리아 음악원에서 외로움을 견뎌 냈습니다. 완전히 홀로 된 상태를 견딜 수 있었던 것은 자기 재능에 대한 헌신적인 사랑 때문이었습니다.

짝사랑은 어떨까요? 설사 짝사랑이더라도 헌신적이기만 하다면 사랑은 이루어질 것입니다. 희망 없이 사랑하라는 말도 있습니다. 사랑하는 그 순간의 순수한 열정, 그것만이 진실이라는 것입니다. 아무리 힘들고 견디기 어려운 좌절이 연속해 오더라도, 실패의 문턱에 걸려 번번이 넘어지더라도 자기 재능에 대한 순수한 사랑은 변하지 않을 것입니다.

시대가 바뀌어도 궁핍한 사랑은 여전히 존재합니다. 대신 시대가 바뀌어 점점 더 궁핍을 견디지 못하는 바람에 많은 사람들이 재능을 손에서 놓아 버립니다. 대표적인 분야가 만화입니다. 만화가 윤태호는 지금은 한국 만화의 버팀목이라는 찬사까지 받고 있지만 몇 년 전까지만 하더라도 노숙을 밥 먹듯 했던 가난한 만화가 지망생이었습니다.

라면 하나로 하루를 견뎌야 했던 그 숱한 날들은 생각할수록 비참해 보입니다. 연재 지면을 간신히 얻고 나면 잡지가 망해 버리는 일이 한두 번이 아니었습니다. 만화를 사랑하지 않았다면, 그것도 희망 없이 사랑하지 않았다면, 허영만 화백마저 '배울 것이 있다'고 극찬했던 만화가 윤태호는 없었을 것입니다.

나의 재능을 알아보는 사람에게 귀 기울여라

"그래, 그럴 줄 알았어. 해낼 줄 알았어. 장하다, 수미야."

데뷔 무대를 마쳤을 때 그녀는 전화로 어머니의 목소리를 들었습니다. 어렸을 때부터 늘 들었던 말.

"넌 해낼 줄 알았어."

성악가 조수미는 지금의 성공을 뒷바라지했던 조력자로 서슴없이 어머니를 첫손에 꼽습니다. 그녀의 음악적 재능을 가장 먼저 알아본 이도 어머니였고, 지금까지 가장 든든한 힘이 되어 주는 이도 어머니였습니다. 무엇을 해도 잘했다는 칭찬은 그러고 보니 그녀에겐 언제나 큰 자신감을 주었던 말이었습니다.

서울대 음대 시절 이경숙 선생님은 또 다른 의미의 조력자였습니다. 특히 이경숙 선생님은 그녀에게 유학을 강력하게 권했던 분입니다. 그녀는 제자가 때를 놓쳐 대성할 기회를 잡지 못할까 봐 안타까워했습니다.

"네 목소리는 하느님이 주신 선물이야. 세계 무대에 내놔도 손색없는 목소린데 왜 그렇게 허송세월을 하는 거니? 하루라도 빨리 본고장으로 가거라."

그녀는 정신이 번쩍 들었습니다. 그동안 제대로 공부를 하지 않았던 그녀에게 전한 선생님의 따끔한 충고였습니다. 유학비용이 만만치 않았지만 어머니는 이경숙 선생님의 권유대로 갓 스물을 넘긴 딸을 떠나보내기로 했습니다. 몇 년이나 걸릴지 모를 유학 생활은 그렇게 시작되었습니다. 큰물로 뛰어들라는 이경숙 선생님의 강력한 조언이 없었더라면, 어머니가 아직 어린 딸을 세상에 내보낼 용기가 없었더라면 지금과 같은 성공은 장담할 수 없었을지도 모릅니다.

'기도하는 손'으로도 유명한 알브레히트 뒤러는 독일 르네상스 회화의 대표적인 화가입니다. 그는 아버지의 세공업을 물려받지 않고 화가의 길을 택했습니다. 그 바람에 집으로부터 아무런 지원도 받지 못했습니다. 배고프고 힘든 날이 계속되던 어느 날 함께 기거했던 화가 지망생 친구가 제안을 했습니다. 한 사람이 일을 하여 다른 한 사람을 지원해 주자는 것이었습니다.

"우리가 도무지 학업을 계속할 수 없으니 이렇게 하는 게 어떻겠나. 무조건 한 사람이 성공할 때까지 뒷바라지를 하기로 하세. 자네가 공부를 마치고 나를 지원해 주면 나도 공부를 할 수 있을 테니."

그때부터 친구는 그림을 접고 일을 해서 번 돈을 뒤러에게 보냈습니다. 뒤러는 그 돈으로 정식으로 학교에서 그림을 배울 수 있었습니다.

친구의 헌신적인 뒷바라지 덕분에 유명해진 뒤러가 이제 순서를 바꾸려고 친구를 찾았지만 친구는 공사장에서 손가락 부상을 입어 더 이상 그림을 그릴 수 없었습니다. '기도하는 손'은 뒤러가 친구의 우정에 보답하기 위해 그린 그림이라고 합니다.

재능이 빛나게 되는 것은 알게 모르게 후광이 있었기 때문입니다. 우리가 스스로 성공하고 있다고 믿는 그 순간에도 그건 온전히 자신만의 몫일 수 없습니다. 조력자들의 흔적은 갈채와 많은 조명을 받을수록 더 많이 생기는 그림자들과 같습니다.

때로는 엉망이라는 말도 듣게 될 것이고, 집어치우라는 욕설도 듣게 될지 모릅니다. 그런 쓰디쓴 비난마저도 결국 우리들의 성공에 기여했다는 걸 나중에는 알게 될 것입니다. 귀 기울여 듣는 재능은 늘 새로운 가능성을 향해 열린 문과 같습니다.

재능의 무대를 확장하라

지금이야 초등학생들도 쉽게 외국으로 어학연수를 떠나는 세상이지만 1980년대 초만 해도 외국 유학은 흔한 일이 아니었습니다. 예술 분야는 더더군다나 드물었습니다. 심지어 미국이나 일본도 아닌 유럽 본고장으로 가는 경우는 거의 없어서 그녀의 유학 생활은 많이 외로웠습니다.

그럼에도 그녀는 재능의 무대를 넓히기 위해 과감하게 고난의 길을 선택했습니다. 스물두 살 때의 일이었습니다. 먹고 자는 것은 물론이고, 언어를 배우는 것도, 레슨을 선택하는 것도, 콩쿠르 준비까지 혼자 힘으로 헤쳐 나가야 했습니다.

빠듯한 비용으로 방을 구하기 위해 교외로 동분서주하기도 했습니다. 간신히 조그만 방을 얻었지만 시끄럽다며 노래 연습을 하다 쫓겨나는 수모도 겪어야 했습니다. 그녀는 그때를 미아와 같은 상태였다고 회고합니다.

핀란드에서는 공정하지 못한 심사 탓에 일등을 놓친 적이 있었습니다. 다음 날 신문에 '이번 콩쿠르에서 가장 충격적인 일은 한국의 소프라노 조수미가 우승하지 못했다는 것'이라며 편파적인 심사를 비난하는 기사가 실리기도 했습니다. 이럴 때조차 그녀는 좌절을 홀로 견뎌 낼 수밖에 없었습니다.

최초의 조력자인 부모로부터 떨어져 새로운 세계로 나가는 것을 재능 독립이라고 할 수 있습니다. 재능 독립은 망망대해로 떠나는 기약 없는 모험과 같습니다. 언제 돌아올지, 얼마나 큰 성과를 가지고 올지, 정해진 게 아무것도 없습니다.

더 넓은 무대는 자연히 경쟁도 치열합니다. 경쟁자를 한 사람씩 넘어서도 늘 벽에 부닥치고는 합니다. 도대체 내가 멈춰 설 수 있는 끝이 어디인지 숨이 막힐지도 모릅니다. 그녀는 그때마다 이렇게 생각했다고 합니다.

"내 마음속에는 여러 가지 모습의 내가 숨어 있다. 한쪽에서는

'연습을 조금 더 해야지, 안 그래? 조금 더 감동적으로 표현하는 방법이 있을 거야.' 하고 속삭이는데, 또 한쪽에서는 더 달콤한 목소리로 나를 유혹한다. '그만 쉬지 그래? 그 정도면 충분히 감동적인 노래였어. 봐, 다들 네가 뛰어나다고 하잖아. 피곤한데 그만 쉬라고.'

그 싸움을 포기해서는 안 된다. 그 싸움에서 이기는 사람만이 최고가 될 수 있다. 어떤 일에도 완벽은 없고, 끝도 없다.

완벽한 노래는 아직 없었다. 뛰어난 가수들은 얼마든지 있었지만 나는 다른 사람을 이기기 위해서가 아니라 완벽한 노래를 부르기 위해 가수가 된 것이다."

우리가 재능의 무대를 넓혀 갈 때 이 말을 꼭 간직했으면 합니다. 난관에 부닥칠 때마다 나침반은 자신 안에 있습니다. '조금만 더' 와 '이제 그만해도 돼' 가 쉼 없이 흔들리는 나침반은 우리의 손에 들려 있습니다. 내가 그렇게 되기를 원하는 방향으로 나침반의 바늘은 늘 움직이게 될 것입니다.

경쟁도 마찬가지입니다. 그녀 역시 쟁쟁한 경쟁자들을 만났고, 좌절할 때도 있었습니다. 모든 경쟁자들을 넘어선 것 같을 때도 있었습니다. 그때마다 그녀는 자만을 경계했습니다. 나 자신과 싸워 이기는 마지막 경쟁에서도 이겨 내야 진정한 성악가가 된다는 것을 알았기 때문입니다. 이 모두가 재능의 무대를 넓혔던 용기에서 비롯된 일입니다.

재능을 유지하기 위한 철저한 자기관리

재능은 발현되는 순간의 컨디션에 따라 예상치 못한 결과를 초래합니다. 만년 2등이 최고조에 오른 그날의 컨디션으로 1등이 되는 일은 흔합니다. 늘 최고의 작품을 내던 작가도 컨디션이 난조를 보인 기간에 나온 작품들은 독자들에게 형편없는 졸작으로 낙인찍히기도 합니다. 최고의 성적을 거둔 선수가 이듬해에는 최악의 성적으로 슬럼프에 빠지기도 합니다. 재능이란 게 그야말로 터무니없어 보일 때가 있습니다.

그래서 누구나 재능을 보여야 할 때는 늘 최상의 컨디션을 유지하려고 합니다. 최상의 목소리를 가졌다는 성악가 조수미에겐 컨디션이란 게 그다지 의미 없어 보일 것 같습니다. 그러나 그녀의 컨디션 조절이 어떻게 이루어지는지를 알게 된다면 저절로 고개가 숙여질 것입니다.

그녀는 일 년 중 300일 넘게 세계의 무대를 다녀야 합니다. 이미 몇 년 뒤까지 공연 일정이 빡빡하게 잡혀 있습니다. 세계 각국을 다니며 시차에 적응하는 것부터 시작해서 무대에 서기 직전까지 그녀는 살얼음판을 걷는 기분이라고 합니다.

그날 식사량에 따라 고음이 달라지고, 잠을 조금이라도 설치면 원하는 맑은 소리를 내지 못한다고 합니다. 방 안의 습도를 유지하지 못하면 어김없이 목소리가 갈라지기도 하고요.

특히 음식 조절은 철두철미하게 이루어집니다. 카페인 음료는 절대 마시지 않으며, 물도 차갑지 않게 상온에 맞춰야 하고, 위에 부담을 주는 음식은 삼가야 합니다. 입이 원하는 음식이 아니라 목소리가 원하는 음식에 맞춰 식단이 짜여집니다.

운동도 거르지 않습니다. 세계 각국을 돌아다니게 되면 다양한 기상 환경에 노출됩니다. 몸의 적응력을 키우려면 꾸준한 운동은 필수입니다.

자칫 방심해 감기라도 걸리면 낭패입니다. 실제로 그녀는 성공적인 데뷔 무대 후 밀려드는 공연을 소화하느라 체력이 바닥날 즈음

독감에 걸려 고생을 하게 되었습니다. 몇 달 동안 공연을 제대로 하지 못하면서 그녀는 컨디션을 조절하는 데 얼마나 많은 주의를 기울여야 하는지 절감하게 되었습니다.

우리는 재능이 꽃나무와 같다는 걸 잊어버리곤 합니다. 일정하게 거름을 주고 물을 주는 일을 꾸준히 하지 않으면 꽃이 피는 것을 볼 수 없습니다. 재능은 지루하지만 끈기 있게 관리되어야 발전하는 것이지 갑자기 증폭되었다가 사라지는 불꽃놀이가 아닙니다.

한때는 요절한 천재들의 재능을 높이 샀습니다. 오히려 천재의 재능과 요절은 함수 관계가 있는 것처럼 받아들여지기도 했습니다. 그러나 요절한 천재들에게서 발견되는 공통점은 그들이 자기 재능에 대한 관리가 서툴렀다는 것입니다.

앤디 워홀과 동시대를 풍미했던 장 미셸 바스키아는 독특한 화풍으로 언더그라운드 예술의 정점에 서 있었습니다. 그래피티의 역사에서도 그는 중요한 화가로 자리매김했습니다. 그는 앤디 워홀의 후원으로 크게 성공했지만 정체성의 혼란과 끊임없이 그림을 그려내야 한다는 강박관념에 시달리다 약물 중독으로 스물여덟 살에 생을 마감했습니다.

우리는 천재들의 작품에 감탄하면서도 재능의 무분별한 낭비가 있었던 건 아닌가 아쉬워합니다. 그 우여곡절의 내막을 당사자가 아닌 이상 충분히 납득하지 못할 것입니다. 그래도 재능에 대한 관리는 여전히 아깝고 안타까울 뿐입니다.

재능의 꽃이 피는 데 필요한 시간은 1만 시간

성악가 조수미는 네 살 무렵 피아노로 음악과 처음 인연을 맺었습니다. 그녀가 이탈리아에서 데뷔 무대를 갖기까지 성악에만 매진한 기간도 10여 년 가까이 되는 셈입니다. 세계적인 명성을 얻으며 소프라노로 활동해 20주년 행사를 가진 것이 3년 전입니다. 지금도 왕성한 활동으로 바쁜 나날을 보내고 있습니다.

거슬러 그녀의 음악 경력을 전부 헤아려 보니 어느덧 40년을 목전에 두고 있습니다. 한 인간의 삶의 원형이 고스란히 음악으로 채워져 있다고 해도 과언이 아닙니다.

세계적인 경영 사상가인 말콤 글래드웰은 어떤 분야에서든 숙달되기 위해서는 하루 3시간씩 단 하루도 쉬지 않고 10년을 지속해야 가능하다고 했습니다. 이것을 '1만 시간의 법칙'이라고 하는데,

그녀에게도 1만 시간의 법칙은 거의 들어맞은 셈입니다.

글래드웰은 이보다 적은 시간을 연습하고서도 세계적인 수준의 전문가가 된 사람은 찾아보기 힘들다고 했습니다. 1만 시간 법칙이 아니더라도 무엇이든 10년은 꼬박 해야 빛을 본다는 말은 흔히 합니다. 막연히 긴 시간 열심히 노력하라는 의미가 있겠지만, 글래드웰은 좀 더 구체적인 성공의 시간을 제시한 셈입니다.

15세기에 한 수학자의 책이 발견된 적이 있습니다. 3세기경 알렉산더 시대에 살았던 디오판토스라는 학자가 수에 대한 정리를 모은 『산술』이라는 책이었습니다. 발견된 지 2세기 뒤인 17세기경 페르마라는 수학자가 이 책에 나오는 정리를 모두 증명해 놓았는데, 단 하나의 문제만은 미결로 남았습니다. '페르마의 마지막 정리', 즉 'n을 3 이상의 정수라고 한다면 $x^n + y^n = z^n$을 만족시키는 정수해 x, y, z는 존재하지 않는다(단 x, y, z 중 하나가 0이거나 모두 0인 경우는 제외)'입니다.

이 문제를 풀기 위해 오일러를 비롯해 당대의 수많은 수학자들이 도전했지만 누구도 해명하지 못했습니다. 이 문제는 영국의 수학자 앤드루 와일즈에 의해 20세기 막바지에 와서야 증명되었고 수학계는 미결 중인 난제를 털어 버릴 수 있었습니다. 와일즈가 이 난제에 매달린 지 꼬박 8년 만이었습니다.

이 8년은 하루 세 시간씩 계산된 8년이 아니었습니다. 먹고 자는 시간을 뺀 모든 시간으로 계산해야 합니다. 1만 시간의 몇 배를 넘어서는 시간의 투자였습니다.

10년 투자가 이룬 성과는 근래에도 계속되고 있습니다. 역사학자 이이화 선생님도 22권의 한국통사 『한국사 이야기』를 집필하는 데 꼬박 10년의 시간을 투자했고, 다큐멘터리 영화 〈워낭소리〉 한 편이 나오기까지도 10년의 세월이 걸렸습니다. 1999년 IMF 직후 시작된 다큐멘터리는 제작이 끝나는 시간이 소가 죽을 때까지였습니다. 이충렬 감독은 이 영화 한 편에 10년의 세월을 고스란히 바쳤습니다.

홍콩의 영화배우 성룡도 다들 〈취권〉 한 편으로 일약 스타덤에 올랐다고 생각하지만 그는 가난으로 부모님과 함께 살지 못하고 경극학원에 맡겨져 10년의 수련 기간을 가졌습니다. 이때의 기본기가 지금도 그를 현역에서 뛰게 하는 밑바탕이 된 것입니다.

우리들의 시간이 그 어느 세대보다 값진 것은 1만 시간의 법칙에 아무런 저항도 가지고 있지 않다는 것입니다. 생계로부터 시달리지 않으며, 밀려드는 세월에 쫓기지도 않고, 실패에 대한 부담도 지독하지 않습니다.

우리들의 1만 시간은 내가 진정 그 방면으로 재능이 있는지 없는지 확인하기에도 좋은 시간입니다. 우리가 한시라도 서둘러 스스로의 재능을 발굴하고 선택해야 하는 이유가 여기에 있습니다.

그리고 또한 나는 재능이 없다는 말을 함부로 하지 않게 될 것입니다. 그 1만 시간을 채우지도 않고서 실패를 운운하지 못할 테니까요.

재능에 감사하고 성공을 나누어라

성악가 조수미는 데뷔 20주년을 맞아 한국의 지방 소도시들을 순회했습니다. 국제 무대에서는 세계 최고의 극장에서 주로 공연했던 거장의 행보로는 어울리지 않는 듯 보였습니다. 굳이 그녀는 왜 서울보다 지방에서 더 많은 공연을 가졌을까요? 거기엔 분명한 목적이 있었습니다. 그녀는 한 인터뷰에서 이렇게 말했습니다.

"공연이 절실한 곳은 서울이나 부산이 아니라 소도시랍니다. 그곳을 찾으면 관객들이 내 공연을 터닝 포인트로 받아들이는 느낌도 들지요. 작은 도시의 문화적 전환을 위해서 일부러 찾아가야 합니다."

이렇게 획기적인 선택은 음악을 통한 사회 환원이 무엇인지를 보여 준 것이었습니다. 그녀는 음악을 하며 갖게 된 감사하는 마음을 사회로 환원해 좀 더 깨끗한 세상이 되기를 바랍니다.

자선기금 마련을 위한 공연도 많이 하고 있지만 특별한 이벤트를 열기도 했습니다. 음악 교사를 대상으로 한 〈아카데미 콘서트〉도 그중 하나입니다. 음악 교육의 중요성을 일선에서 아이들을 가르치는 선생님과 함께 토론한 것입니다.

또한 그녀는 〈조수미와 위너스〉 콘서트를 통해 촉망받는 후배 성악가들을 더 많은 사람들에게 알리기 위해 노력하고 있습니다. 나를 벗어나 더 많은 사람들에게 자신의 재능을 나누는 것, 이 모든 것들이 자기 재능에 가장 감사하는 행위에 다름 아닙니다. 그녀는 자신의 음악을 나누는 것이야말로 가장 큰 감동이라고 했습니다.

앞에서 이러한 나눔을 자기 재능에 대한 궁극의 탐구라고 했습니다. 자기 재능의 최종의 단계에 이른 대표적인 음악가가 유라시안 필하모닉 오케스트라와 경기 필하모닉 오케스트라의 지휘자인 마에스트로 금난새입니다. 그는 청소년 음악회, 해설이 있는 음악회로 음악 대중화를 위해 많은 노력을 기울였습니다. 대중이 클래식에 친숙하게 다가가도록 오랜 세월 징검다리를 놓았던 것입니다. 나중에 자신이 행복을 나눠 주었던 지휘자로 기억되기를 바라지만 대중들과 특히 청소년들은 그로 인해 지금 현재에도 행복을 만끽하고 있습니다.

자기 재능의 탐구는 행복에서 시작했습니다. 그리고 행복으로 돌아왔습니다. 이때는 개인의 행복이 아닌 훨씬 많은 사람들의 행복입니다.

조수미
INTERVIEW

성악가 조수미 선생님은 아직 역량이 다 확인되지 않은 상태에서 맨몸으로 세계 무대를 찾아갔습니다. 그야말로 '무소의 뿔처럼 혼자서 가라'였습니다.

요즈음 이렇게 스스로 무대를 넓혀 나가는 과단성 있는 청소년들을 보면 조수미의 후예들이라는 생각이 듭니다. 조수미 선생님께 가장 처음 던진 질문은 세계 무대와 관련된 것이었습니다. 그들에게 세계 무대는 어떤 의미가 있는 것일까요? 먼저 그 의미를 아는 것이 중요하다는 생각이 들었습니다.

"꿈꾸는 대로 이루어진다는 말이 있습니다. 사람들의 목표 의식이 어떤 일을 이루는 데 얼마나 중요한 역할을 하는지 강조하는 말입니다. 목표를 정하고 나아갈 때, 눈앞에 보이는 작은 목표들을 세우고 하나하나 성취한 뒤에 또 다음 목표를 세우는 것도 현실적으로 중요합니다. 그렇지만 마음속에 큰 그림을 그리고 끊임없이 자신을 격려하면서 가능한 방법들을 찾아갈 수도 있습니다.

이제 여러분들은 개인이 어느 나라 사람인지, 어디에 살고 있는지가 크게 중요하지 않은 세상에 살고 있습니다. 제가 유학을 할 때만 해도 국제전화요금이 비싸 부모님께 긴 얘기는 꼬박꼬박 편지로 알려 드려야 했습니다. 그런데 통신과 인터넷의 발달은 요즘 세계를 하나의 경제권, 하나의 문화권으로 만들고 있다고 해도 과언이 아닙니다. 앞으로 여러분이 어떤 직업을 가지게 되든 세계는 서로 영향을 주고받을 것이며 우리 모두는 세계 시민으로서의 역할을 하게 된다고 생각합니다.

어쩌면 그 때문에 여러분들은 눈에 보이지 않는 전 세계의 수많은 청소년들과 더 치열한 경쟁을 해야 한 분야에서 성공할 수 있을지도 모릅니다. 그러므로 변화하는 세계의 모습에 관심을 기울이고 하고 싶은 일이나 관심 분야의 최신 정보를 흡수하는 일에도 여러분의 소중한 시간을 쏟아야 합니다.

최근 우리나라의 스포츠 선수들이 다양한 종목에서 세계를 누비며 맹활약하고 있습니다. 문화적인 측면에서도 세계라는 무대는 치열한 경쟁의 연속입니다. 우리나라의 젊은 음악인들 역시 국제무대에서 두각을 나타내고 있습니다. 매우 자랑스러운 일이 아닐 수 없습니다. 오래전 먼저 그 길을 거쳐 온 사람들 중 한 사람으로서 저역시 자랑스럽고 대견한 마음 가득합니다.

하지만 여러분들께서 그들을 통하여 긍지를 느끼는 것과 동시에 여러분들 역시 그들과 마찬가지로 세계를 대상으로 자신의 꿈을 펼쳐 나아가야겠다는 마음가짐을 가지시길 바랍니다. 언젠가 유명한 기업인이 일갈한 것과 같이, 세계는 넓고 할 일은 (너무도) 많습니다."

자기만의 재능을 꽃피우고 싶어 하는 청소년들이 많습니다. 그런데 무엇을 어떻게 해야 할지 막연하게 느끼기도 합니다. 조수미 선생님은 무엇을 하든 꼭 염두에 두어야 할 것들을 말씀해 주셨습니다.

"예술 분야처럼 타고난 재능이 꼭 필요한 분야들이 있습니다. 그러나 남다른 재능을 타고났더라도 성인이 되어 끝까지 그 분야에서 목표를 성취하기는 쉽지 않습니다. 먼저 그 재능을 더 계발하고 키위 줄 수 있는 적절한 교육을 받아야 하고, 많은 사람들에게 그 재능을 펼치고 알릴 수 있는 무대로 나아가야 합니다. 그 과정에서 만나게 되는 많은 사람들, 함께 일하는 사람들과 원만한 인간관계를 맺을 수 있는 능력도 필요합니다.

세계를 무대로 삼아야 한다면 그 과정에서 외국어 구사의 필요성도 커집니다. 일단 자기 분야에서 알려지고 나면 그때부터는 진짜 프로의 세계가 시작됩니다. 더 많은 시간을 스스로가 선택한 일에 아낌없이 바치고 자기 자신과의 싸움에서 이길 수 있도록, 더 성숙한 사람이 될 수 있도록 노력해야 하니까요."

재능을 꽃피우는 과정에서 만나게 되는 좋은 스승은 행운과도 같다고 했습니다. 그런데 선생님의 스승들은 어떤 의미에서 평범하다는 생각이 들었습니다. 실력을 갑자기 키워 주신 스승들이나 혹은 큰 지원을 해 준 후원자들이 아니라 늘 뒤에서 지켜봐 주고 응원해 주신 분들이었습니다.

그렇다면 그런 행운은 누구나 가지고 있는 게 아닌가 싶습니다. 오히려 좋은 스승의 가치를 역설적으로 깨달을 수 있었습니다. 좋은 스승을 만나지 못해 성공할 수 없었다는 말이 부질없게 느껴졌던 것이지요. 좋은 스승의 참된 가치를 듣고 싶었습니다.

"나는 음악을 사랑하신 어머니의 마음이 있었고, 외국어의 중요성을 강조하신 아버지가 계셨습니다. 그리고 제게 노래의 아름다움과 노랫말이 주는 감동을 알려 주신 선생님들을 만날 수 있었고, 제가 갖고 태어난 재능의 가치를 깨달을 수 있도록 격려해 주신 선생님도 만났습니다. 지금 돌이켜 생각해 보면 너무도 다행스럽고 행복한 시절들이었습니다. 졸업을 하고 많은 무대에 서면서 나를 길러 주신 스승님들의 품을 떠나 홀로 서는 과정을 거쳤습니다.

좋은 재능(실력)을 가지고 있고, 충분한 노력을 통하여 그 진가를 발휘하고 있다고 하더라도, 세상은 자꾸 발전적인 방향으로 변해 가고 있어요. 우리 모두에게 새로운 변화를 요구하고 있습니다. 이처럼 다변화된 환경에서는 또 다른 종류의 스승님을 필요로 하게 됩니다. 흔히들 멘토라고 하는 정신적인 스승이 바로 그것입니다.

세계 최고의 스포츠 선수들도 슬럼프에 빠지는 경우가 있고 그 것을 극복하기 위하여 많은 노력을 합니다. 세계 최고의 선수들에게서 발견할 수 있는 것들 중 공통적인 것은 바로 멘토였습니다.

자신의 잘못된 점을 지적해 주시는 스승님이 필요하기도 하지만 항상 안정된 마음으로 명확한 결정을 내리는 데 도움을 주시는 정신적인 스승님도 필요하다는 것을 꼭 말씀드리고 싶습니다."

마지막으로 세계 무대로 나가기 위해 유학을 준비하는 청소년들에게 격려의 메시지를 부탁드렸습니다.

"익숙한 환경을 떠나 새로운 세계를 경험하는 것은 유익한 경험이 될 수 있습니다. 그러나 신중하게 고려해야 할 부분들이 많이 있겠지요. 특히 조기 유학의 경우라면 부모님이 아닌 학생 본인이 마음속에 적절한 목표를 가지고 있어야 하고 또 그 목표를 위한 구체적인 실천 계획을 세울 수 있어야 합니다. 그럴 만한 준비가 되어 있는가를 가족 모두가 잘 따져 보아야 한다고 봅니다.

제게도 유학의 가치는 무엇을 배운다는 측면보다는 자신이 익숙한 장소가 아닌 곳에서 (저의 경우는 제가 너무나 와 보고 싶었던 곳으로 유학을 왔기 때문이기도 합니다만) 만나는 예상치 못한 일들을 해결해 나가는 과정에서 배우는 자신감이었다고 할 수 있습니다. 말이 통하지 않는 환경, 낯선 음식과 공부 환경, 전 세계로부터 노래를 공부하기 위하여 모여든 학생들 간의 말할 수 없이 치열한 경쟁심 등 다양한 종류의 문제들이 기다리고 있었고 그 문제들을 해결하기 위하여 열심히 살았습니다. 주변의 도움도 많이 받았습니다. 산타 체칠리아 음악원을 졸업할 무렵의 저의 모습은 처음 이탈리아에 도착했을 때의 조수미가 아니었습니다. 언제나 자신이 있고 무엇이든지 해결해 나갈 수 있는 조수미가 되어 있었습니다.

막상 유학을 오고 보면 예상하지 못했던 일들로 어려움을 겪기도 하고, 외로움 속에서 의지가 약해지는 순간도 생길 수 있습니다. 항상 긍정적인 마음을 갖고 스스로의 몸과 마음을 잘 돌봐야 한다고 얘기하고 싶습니다. 그리고 인내심을 갖고 목표를 향해 한 발 한 발 다가가다 보면 어느새 목표에 더 가까이 가 있겠지요."

Lecture 04　　생각대통령 이어령

누구든 생각대로 환경을
지배할 수 있다

대한민국이 개최했던 세계적인 이 벤트라면 2002년 월드컵을 빼놓을 수 없습니다. 월드컵 대표팀의 성적보다 오히려 더 유명했던 것은 붉은 악마 열풍이었죠. 한국인의 저력을 붉은 색채로 확인했던 그때를 떠올리면 여전히 가슴이 뜁니다.

이어령 선생님은 월드컵 열풍에 대해 "전쟁 코드와 같은 피의 열정과 승리, 여성 코드가 보여 준 사랑, 유아 코드가 보여 준 천진성과 순수성, 축제의 기쁨과 그 나눔. 여태껏 이념의 색채에 가려져 있던 그 다양한 붉은색들이 하나로 융합되고 승화되어 출현한 새로운 문화 코드"라고 극찬했습니다.

거슬러 올라가 보면 2002년 월드컵 주최국의 영광은 1988년 올림픽의 성공적인 개최에 빚지고 있다고도 할 수 있습니다. 세계의 이목을 집중시킨 우리나라 최초의 이벤트가 88올림픽이었으니까요.

당시 유럽국들의 눈에 한국은 이제 막 개발도상국을 벗어나기 시작한 아시아의 동쪽 끝 변방에 불과했습니다. 독일 바덴바덴에서 다음 올림픽 개최지로 그 나라의 서울이라는 도시가 선정되었다는 소식이 울려 퍼졌을 때, 누구도 그처럼 혁신적인 올림픽의 서막을 예상하지 못했습니다. 88올림픽은 이전과는 비교할 수 없을 만큼 신선한 올림픽의 표정을 만들어 냈던 것입니다.

가장 놀라운 것은 개막식이었습니다. 메인 스타디움이 아니라 한강에서부터 북소리와 함께 시작된 행사는 충격 그 자체였습니다. 안과 바깥의 경계를 허물어 내면서 인류로 확장되는 개념을 가장 선명하게 표현한 것입니다. 공중에 꽃처럼 만개한 낙하산들이 지상에 착지하면 수직이 수평으로 바뀌어 낙하산의 천이 잔칫날 마당에 쳐 놓은 차일처럼 되어 춤으로 바뀌는 것도 21세기 트랜스포머의 개념을 미리 보여 준 것이라고 할 수 있습니다.

이 행사는 가장 한국적인 것으로 세계인을 감동시킨, 한국 문화의 현대적 복권이었습니다. 문화적으로 우월하다는 의식에 사로잡혀 있던 선진국들은 그저 '원더풀'이라는 말만 되풀이할 뿐이었습니다.

이 올림픽 개막식과 폐막식의 식전 행사를 디자인했던 문화 기획자가 바로 어어령 선생님입니다. 안과 밖의 경계를 허물고, 수직과 수평의 개념을 허물고, 이국의 문화들이 뒤섞여 탄생한 창조적인 미, 이것은 이어령 선생님이 늘 강조했던 혼유와 융합의 개념이 눈앞에서 실현되는 장면이었습니다.

1993년 대전엑스포, 2006년 경주문화엑스포까지 대한민국의 국가적인 이벤트에서는 늘 그의 아이디어가 빛났습니다. 다음 천년의 가슴 벅찬 시대를 준비하는 새천년준비위원장으로 다시 한 번 대한민국을 축하하는 문화 축제를 벌이기도 했습니다.

이어령 선생님은 문화기획자이기 전에 시인이자 문학평론가입니다. 언론인이자 문명비평가이자 대학 교수였고, 초대 문화부 장관을 지냈던 공직자이기도 했습니다.

태어나 한 분야에서 괄목할 만한 성취를 이루는 것도 예삿일이 아닌데 이어령 선생님은 문학, 문화, 예술, 언론, 교육 등 여러 분야에서 값진 결과물을 쏟아 냈습니다.

무형의 문화 행사뿐만 아니라 유형의 저작물에서도 이어령 선생님은 타의 추종을 불허했습니다. 지금까지 130여 권이 넘는 이어령 선생님의 저작물은 대한민국의 정신적인 보물과도 같습니다. 그래서인지 그의 책은 출간될 때마다 늘 화제가 되었고, 인문서로는 보기 드물게 베스트셀러가 되는 예가 많았습니다.

대한민국에서 이어령이라는 이름이 세상에 등장한 것은 20대 때 『우상의 파괴』라는 선언적 비평을 통해서였습니다. 그리고 대한민국을 벗어나 아시아, 세계로 자신의 이름을 던진 것은 『축소지향의 일본인』이었습니다. 둘 다 이전에는 볼 수 없었던 너무도 혁신적인 내용이었습니다. 우리가 섬기는 것의 정확한 정체를 밝히고, 가해국 일본과 일본인의 정체성을 일본인보다 더 정확하게 드러낸 작품들입니다.

『흙 속에 저 바람 속에』는 식민지 시대와 전쟁을 겪으면서 다들 뿌리 빠진 혼란에 헤매고 있을 때 다시 한 번 한국과 한국인의 정체성을 문화 속에서 발굴하고 정립한 역작이었습니다. 마치 바짝 메마른 감정의 황무지를 덮는 물컹물컹한 진흙 같은 책이었습니다. 상처받은 민중의 가치를 회복시켜 각자의 뿌리를 마음껏 심을 수 있도록 해 준 든든한 거름과도 같았습니다.

제목에서도 암시하고 있듯이 이 책의 원제는 '한국의 풍토' 였다고 합니다. 그러나 선생은 딱딱한 관념어 대신 풍(風)을 바람으로, 토(土)를 흙으로, 마치 바람과 흙이 손으로 만져지는 듯한 촉감의 언어로 바꾸었습니다. 우리 시대의 명저가 된 이 책은 다음 시대에 젊은이들이 꼭 읽어야 할 고전으로 남게 될 것입니다.

이처럼 이어령 선생님의 시선은 늘 우리를 중심으로 내연과 외연을 아우르며 뻗어 나갑니다. 『디지로그』에 나오는 새로운 정보통신 사회의 코드인 '디지로그'라는 개념 역시 한국인이라는 마더보드에서 만들어진 개념입니다.

지구는 온난화로 인해 땀을 흘리고 있지만 디지털이 기하급수적으로 확장될수록 감성은 얼어붙고 있습니다. 거기에 아날로그라는 따뜻한 숨결을 불어넣어 피를 돌게 하는 것이 디지로그입니다. 이어령 선생님은 이 디지로그를 가장 잘해 낼 민족이 우리임을 역설했습니다.

지금까지 한 대학자가 이루어 낸 놀라운 성취를 간략하게 들여다보았습니다. 여기서는 그 업적이 이루어지는 과정을 밟지는 않을 것입니다. 아직 우리에게는 너무도 멀어 보이는 그런 일들이 오히려 위압적으로 느껴질지도 모르니까요. 대신 이어령 선생님의 십대 청소년 시절을 돌아보도록 하죠.

과연 그곳엔 무엇이 숨어 있을까요? 거기엔 지금의 이어령을 만든 비밀이 있습니다. 그가 처해 있던 환경을 통해 우리는 환경을 지배하는 법을 배우게 될 것입니다. 꿈, 희망 같은 단어를 떠올리는 것조차 불가능한 환경에서 말입니다.

가자 지역 팔레스타인 소년처럼

이어령 선생님은 이 책의 멘토들 중에서 어쩌면 가장 비참한 십대를 체험한 분일지도 모릅니다. 그는 1933년 일제치하에 태어나 온전히 식민지와 전쟁으로 십대를 모두 빼앗겨 버렸습니다. 인생의 가장 순수하고 밝고 희망적인 시기가 암흑처럼 깜깜했던 것입니다.

그의 십대는 마치 지금 가자 지구의 팔레스타인 소년과 다를 바가 없었습니다. 나라를 빼앗겼고, 조국은 3년 동안 수백만 명이 희생된 전쟁을 겪어야 했습니다. 일제가 헤집어 놓은 정신의 폐허를 벗어나자마자 이번에는 철의 무기들이 난장판을 벌였습니다. 그러자 그 정신의 폐허가 현실에 지옥을 옮겨다 놓은 듯 눈앞에 고스란히 펼쳐졌습니다.

우리는 지금도 이런 살풍경을 사진전, TV, 인터넷 같은 다양한 매체에서 자연스럽게 접할 수 있습니다. 아프리카 여러 나라에서는 아직도 내전이 끊이지 않습니다. 아이들까지 전쟁에 동원되어 여덟 살짜리도 총을 든다고 합니다. 적으로 지목되면 그 아이들은 부모에게도 총부리를 겨눕니다.

우리는 종족 갈등으로 빚어진 인종 전쟁을 경험하지 않았지만 동유럽의 어느 나라들은 목숨을 걸고 이웃한 종족을 말살하려고 합니다. 그들은 얼마 전까지만 해도 같은 밭에서 함께 일했던 사람들입니다.

이처럼 지구 반대편에서 엄연히 벌어지고 있는 일들이지만 우리가 누리는 평화와는 너무나 대조적이라 오히려 현실감을 느끼지 못할 수도 있습니다. 언제나 가장 큰 피해자는 어린아이들입니다. 거기 비친 어린 소년, 소녀들의 공포로 번들거리는 눈망울은 도살장에 끌려가는 소를 떠올리게 합니다. 그 아이들에게 죽음은 너무도 익숙해져 버렸을 것입니다.

죽음을 너무도 가까이 느끼지만 그럴수록 더 무뎌지는 감각의 퇴화는 생의 애착마저 희미하게 만들어 버립니다. 가자 지역 청소년들의 65퍼센트는 나중에 어른이 되어서도 외상 후 스트레스 장애로 시달린답니다. 그 고통에 분노라는 기름을 끼얹으면 그것은 자폭 폭탄으로 변해 버리고 맙니다.

가여운 팔레스타인 청소년들에겐 이런 비극이 여전히 진행형입니다. 이제 발전한 대한민국에선 옛날이야기에 지나지 않는다고 여길지도 모릅니다. 이어령 선생님은 고개를 흔듭니다. 아직도 그때 그 시절을 어제 일처럼 떠올리기 때문입니다. 50년, 60년이 지나도록 지워지지 않는 상흔입니다. 그리고 보면 성인이 된 가자 지역 팔레스타인 사람은 늙어 죽을 때까지 깊은 상처를 지우지 못할 것입니다.

이번 강의에서는 팔레스타인 소년처럼 반세기 전 제3세계에서 태어난 한 소년의 불우하고 끔찍했던 시절을 살펴보게 될 것입니다. 소년 이어령으로부터 우리는 극단의 환경에 처한 경험을 하게 될 것입니다. 그리고 그 소년이 자신의 환경을 어떻게 견뎌 냈는지 알게 될 것입니다. 그 어떤 환경도 더 나은 삶으로 나아갈 수 있다는 사실을 알 수 있게 될 것입니다.

식민지 소년이 식민지 상황을 가장 절감하는 곳은 학교일 것입니다. 일본식 교육으로 이루어지는 학교에 가는 순간부터 생활은 철저하게 단절되었습니다. 집을 나설 때는 조금 전까지 쓰던 조선말, 한글, 이름까지 모두 두고 나와야 했습니다.

교실에서는 일본인 선생이 이름을 일본식으로 부르고, 한글 대신 일본어를 쓰고, 조선말을 하면 벌을 주었습니다. 학교는 박탈의 장소였고, 머리를 휘저어 정체성을 희석시키는 탈색의 공장이었습니다.

아이들끼리 조선말을 쓸까 봐 딱지를 나눠 주어 친구가 조선말을 쓰면 딱지를 빼앗는 놀이를 시켰습니다. 가장 많이 모은 아이에겐 상을 주지만 다 빼앗긴 아이는 벌을 받게 됩니다. 어린 소년들은 딱지를 빼앗기 위해 친구가 조선말을 쓰는지 서로 감시하는 처지가 되었지요.

이보다 더 잔인한 놀이도 했습니다. 처칠이나 루스벨트 대통령이 그려진 그림에 입으로 부는 화살촉을 코나 눈, 얼굴에 잘 맞출수록 높은 점수를 주는 놀이 기구도 있었습니다. 적국의 원수들이라는 게 뭔지도 모른 채 아이들은 사람의 얼굴을 향해 화살을 쏘았습니다.

소년 이어령에게 학교는 무섭고 두려운 곳이었습니다. 그리고 혼란스러운 곳이었습니다. 할머니가 들려주신 이순신 장군의 이야기를 학교에서는 들을 수 없었습니다. 학교의 역사시간에는 오히려 한국을 침략한 도요토미 히데요시가 영웅으로 그려져 있었습니다.

선생님의 고향은 충남 온양입니다. 이순신 장군의 고향이기도 합니다. 소년 이어령은 사람이 접근하지 못하도록 막아 놓은 뱀 밭이라는 곳에 아이들과 몰래 들어가 장정 둘이 들어도 못 든다는 이순신 장군의 긴 칼을 본 적이 있었습니다. 이순신 장군의 존재를 확인한 것이었습니다. 그는 학교에서 동요 대신 군가를 배우며 자랐습니다. 벚꽃처럼 산뜻하게 져서 내 목숨을 나라를 위해 바치자는 내용들이었습니다. 유럽의 아름다운 동요나 한국의 민요들은 집에서나 몰래 불러야 했습니다.

또한 그는 우리가 학교에서 처음 입학해서 배우는 '학교종이 땡땡땡'이라는 노래를 끔찍하게 싫어합니다. 거기에 담긴 가사가 그 시절의 공포를 불러일으키기 때문입니다. '어서 모이자'는 부분에서는 학교의 엄격한 규율에 따르도록 강요했던 것을, '선생님이 우리를 기다리신다'에서는 가장 두려운 대상이었던 선생님의 부라린 눈이 떠오른다고 합니다.

이런 구속적인 학교에서 벗어나기 위해 소년 이어령은 책을 읽기 시작했습니다. 책은 그가 식민지 교육의 감옥에서 벗어날 유일한 길이었습니다. 갇힌 학교, 붙잡힌 땅, 엎어진 나라에서 가장 큰 자유를 얻을 수 있는 방법이었습니다.

환경을 지배하는 최선의 무기, 책

책은 조선인 아이 이어령에게 아무것도 요구하지 않았습니다. 한글로 읽든 일본어로 읽든 상관하지 않았습니다. 책상에 앉아서 읽든 누워서 읽든 마음대로였습니다. 무엇보다 책은 경이로웠습니다. 지금 이 세상이 전부가 아니라는 걸 가르쳐 주었으니까요.

다른 세상이 있다는 걸 알게 되었습니다. 유럽의 알프스 산맥, 거기 가장 높은 산 몽블랑, 영국의 런던이라는 도시, 북구의 나라들, 얼어붙은 시베리아, 엄청나게 큰 미국이라는 나라, 거기 아름다운 스와니 강……. 골방에서 세계문학전집을 통독하며 그는 많은 나라들을 여행했습니다. 그 나라 사람들의 문화를 배우고, 역사를 익혔습니다. 지구는 둥글고 세계는 붙어 있으며, 무엇이든 변화하게 된다는 것을 알았습니다.

좀 더 넓은 세상을 이렇게 간접적으로나마 인식할 수 있었던 것은 그에게 큰 보탬이 되었습니다. 이어령 선생님은 그때의 독서 체험으로 지금 청소년들보다 더 철저하게 글로벌한 이미지를 가질 수 있었다고 했습니다. 식민지 땅에서 소년은 갇혀 있었지만 꿈은 세계라는 무대에서 꾸었던 것입니다.

소년 이어령은 독서에 대한 아무런 교육을 받지 못했기에 어려운 책을 읽을 때도 많았습니다. 그런데 그는 어려운 책을 읽는 것이 훌륭한 공부가 되었다고 했습니다. 생전 처음 보는 단어들 사이에서 문맥을 유추하고, 무슨 내용인지 한 번 읽어서는 모르는 건 몇 번이고 다시 읽으며 상상 속에 그려 보았습니다. 어려울수록 머리를 자극하고, 그래서 악착같이 잡고 늘어졌습니다. 너무 쉬운 책은 어려운 독서를 할 때보다 오히려 감흥이 떨어졌습니다.

우리는 권장도서라는 책의 수준조차 버거워할 때가 많습니다. 책을 읽는다는 게 지식을 쌓는 것으로만 여겨지곤 합니다. 그럴 때는 외우고 반복해서 익혀야 하는 책이 진절머리 납니다. 억지로 읽어야 되는 책들도 수두룩합니다. 바로 책이라는 고정된 틀에 갇히게 되는 것입니다.

이런 홑 시각에서 벗어나면 책은 학교의 일방적인 교육에서 벗어나 스스로를 교육시키는 가장 좋은 방법이라는 걸 알게 됩니다. 인위적으로 모양을 틀어 대는 분재의 나무가 아니라 야생에서 내가 자라고 싶은 대로 키울 수 있는 바람의 나무. 책은 소년 이어령을 그렇게 만들 수 있었습니다.

그리고 놀이입니다. 지식을 얻는 데만 급급하다 보면 상상력이 동원되지 못합니다. 상상력이 발휘되는 독서는 사고가 자유로운 독서입니다. 조선말 쓰는 친구에게 딱지를 빼앗고 사람의 얼굴에다 돌을 던지는 게 놀이가 아닙니다. 놀이는 내가 스스로 하고 싶을 때 내 몸을 자유롭게 움직이는 것입니다. 자유롭지 않은 놀이는 놀이가 아니듯이 자유롭지 않은 독서 역시 독서가 아닙니다.

이어령 선생님은 자유로운 독서를 통해 환경을 지배하는 방법을 터득했습니다. 좁은 이 나라를 벗어나 세상으로 활개 치는 자신을 볼 수 있었습니다. 그 풍부한 독서는 어떤 일을 가능하게 했을까요?

그는 독서를 통해 넓은 세상을 보되 홑 시각이 아니라 겹 시각을 가지게 되었습니다. 그것이 바로 선생이 말하는 정자 시법입니다. 정자는 내가 그곳에 앉아 탁 트인 바깥 경치를 감상하는 곳입니다. 그러나 한편 반대쪽 바깥에서 정자를 보면 그 역시 아름다운 풍경이 됩니다. 동양화에는 정자에 앉아 있는 사람을 그린 산수화가 많습니다. 이렇게 내가 바깥을 바라보고 바깥에서 나를 바라보는 겹시각, 즉 보고 보이는 시선의 중요성을 한국의 정자 문화를 통해서 익혔던 것이지요. 그러한 대표적인 결과물로 『축소지향의 일본인』을 꼽을 수 있습니다.

일본인들은 자신의 적나라한 본질을 낱낱이 파헤친 사람이 한때 식민지 소년이었던 학자였음을 알고는 깜짝 놀랐습니다. 베네딕트의 『국화와 칼』과 달리 이어령 선생님의 『축소지향의 일본인』을 읽은 일본인들은 탄성을 터트렸습니다. 지금까지 일본인의 정체성을 이보다 더 정확하고 깊이 있게 다룬 책은 전 세계적으로도 찾아보기 어렵습니다. 식민지 시절의 체험과 독서 경험이 어우러진 명작이었습니다.

후학들이 퇴임하는 이어령 선생님에게 헌정한 『상상력의 거미줄』은 대표적인 이어령론이라고 할 수 있습니다. 이 책에서는 내로라하는 국내외 평론가들이 선생님의 삶과 문학 세계, 사상을 훑고 있습니다. 특이한 것은 자신의 명저인 『축소지향의 일본인』을 비판한 일본의 사상가가 쓴 글도, 문학적 위치를 폄하하는 글도 담겨 있다는 것입니다. 선생님이 직접 주문한 일이라고 합니다. 자신을 높이 평가하는 책이지만 그 반대편의 시각으로 쓴 글도 필요하다고 본 것입니다. 그는 자신을 위한 책에서마저 독자가 겹 시각을 갖도록 배려하였습니다.

그는 책을 통해 식민지 시절과 광기 어린 전쟁으로 폐허가 된 나라를 견디며 살아왔습니다. 그리고 경제 대국으로 성장하는 과정을 지켜보고 기록해 왔습니다.

대한민국을 세상에 알릴 기회엔 직접 상상력을 발휘해 세계 시민들을 감탄하게 하였습니다. 은퇴할 나이에 대부분 등을 돌리고 세상

밖으로 빠져나갈 때 그는 오히려 젊은이들을 마주 보았습니다. 그들에게 젊음은 어떻게 태어나고, 알에서 깬 젊음이 얼마나 아름다운지를 들려주었습니다. 나이라는 환경마저 지배해 버린 것입니다.

환경을 지배하는 생각들

태어나는 것부터가 나의 선택이다

왜 하필 식민지에서 태어나 말과 글을 빼앗기고 일본인들에게 손가락질 받으며 자라야 하나. 왜 하필 전쟁이 일어나 죽음의 공포에 휩싸이고, 친구를 잃고 수많은 죽음을 목도하고, 내 이웃으로부터 총질을 받아야 하나. 왜 이 나라는 독재의 굴레에서 벗어나지 못하는가. 하필 왜 나는 이런 불행한 나라에 태어났는가.

이렇게만 여겼다면 이어령 선생님은 환경을 지배할 수 없었을 것입니다.

환경은 주어지는 것일 수밖에 없습니다. 내가 태어났다고 해서 그때부터 세상이 바뀌는 것은 아닙니다. 암울한 상황이 길어질수록 태어나지 않았더라면 더 좋았을 거라고 생각할지도 모릅니다.

그러나 이어령 선생님은 생각이 완전히 달랐습니다. 사람이 태어난 것은 스스로 간절히 원했기 때문이라고 말했습니다. 엄마 배 속에서 양수를 마시던 그때의 기억을 떠올릴 수는 없지만 그는 생명의 탄생은 전적으로 자기 의지라고 하였습니다.

시간을 마음대로 정해서 아기를 낳을 수 있는 엄마는 없습니다. 아기 스스로 나올 때를 결정하고, 엄마에게 끊임없이 신호를 보냅니다. 태아는 이제 그 좁은 산도를 정확하게 머리부터 집어넣어 온몸이 오그라드는 고통의 모험을 통해 세상 밖으로 나옵니다. 이 엄청난 고통을 견디는 것도 역시 스스로 결정한 것입니다.

그러므로 태어난 생년월일은 점지된 시간이 아니라 내가 직접 정하고 결정해서 만든 시간이라는 것입니다. 흔히 생년월일로 운세를 보는데, 결정론적인 운세가 나의 의지에서 비롯되었으니 운명을 바꾸는 것 역시 나의 의지로 가능하다는 얘기도 됩니다.

어려운 상황에 처할수록, 비관적인 생각에 사로잡힐 때일수록 기억나지는 않더라도 그때를 머릿속에 떠올려 보라고 합니다. 그게 본능이든 뭐든 뭔가가 자신을 태동하게 만들고 그 깜깜한 곳에서

머리부터 나와야 한다는 그 슬기를 가지고 태어난 거대한 생명의
의지를 떠올리라고 말입니다.

금덩어리보다는 지팡이

나무꾼에게 은혜를 입은 신선이 그에게 소원 한 가지를 들어주
겠다고 하였습니다. 나무꾼은 가지고 싶은 것이 많았습니다. 그런
데 커다란 금덩어리를 얻으면 사고 싶은 것을 다 살 수 있을 것 같
았습니다. 나무꾼은 금덩어리도 만들 수 있냐고 하자 신선은 어렵
지 않다는 듯 지팡이를 들어 평범한 돌덩어리를 금덩어리로 바꾸었
습니다. 이제 소원을 들어주었다고 여긴 신선이 사라지려는 찰나에
나무꾼이 손목을 붙잡는 것이었습니다.

"아직 나는 소원을 말하지 않았습니다. 제 소원은 평범한 돌덩어
리를 금덩어리로 만드는 신선님의 그 지팡이를 갖는 것입니다. 그
지팡이를 제게 주십시오."

이어령 선생님이 들려준 옛날이야기에서도 환경을 지배하는 법
이 잘 드러나 있습니다. 금덩어리는 이미 주어진 환경이지만 지팡
이는 내가 꾸미고 싶은 환경을 만들 수 있는 도구입니다. 이어령 선

생님은 금덩어리를 선택하지 말고 그 지팡이를 가지라고 했습니다.

지금도 학교 교육은 주입식으로 이루어지는 측면이 많습니다. 선생님은 지식을 일방적으로 알려 주고 학생들은 주어지는 대로 받아먹는 꼴입니다. 학년을 거듭할수록 이러한 교육 양상의 골은 더욱 깊어집니다. 교육의 결과가 모두 눈에 보이는 시험 점수로 결정되는 탓인데 학생은 물론이고 선생님도 여기서 자유롭지 못합니다.

바람직한 양방향의 열린 교육은 항상 질문을 통해 이루어지지만 질문조차 학생에게는 권리가 없습니다. 알고 싶은 것을 선생님에게 물어야 하는데 오히려 선생님이 학생들에게 질문을 하는 모순된 교육은 계속되고 있습니다.

그는 이런 고정된 환경조차 깨고 넘어서야 한다고 합니다. 선생님이 전해 주는 지식은 금덩어리에 불과합니다. 선생님은 생각한 결과만을 줄 뿐입니다. 그렇다면 지팡이는 무엇일까요? 생각하는 능력입니다. 생각하는 능력을 키우게 되면 선생님의 금덩어리가 교육의 전부가 아니라는 것도 알게 될 것이고, 선생님이 무엇을 가르치는가보다 어떻게 가르치는가에 눈 뜨게 될 것입니다.

이처럼 환경을 지배하는 지팡이에 목표를 두면 더 큰 금덩어리를 만들 수도 있고, 금덩어리가 아니라 내가 더 소중하게 여기는 가치로 전환시킬 수도 있습니다.

결핍은 충족보다 힘이 세다

빈부의 차가 갈수록 심해지고, 부에 대한 생각은 그 쓰임의 가치가 아니라 얼마나 많이 가졌느냐 하는 양적인 가치에만 매몰되고 있습니다. 가난의 대물림이 점점 확고해지는 듯한 환경은 용이 날 만한 개천을 심각하게 오염시키는 꼴입니다. 단 한 번 가는 즐거운 수학여행마저도 부모가 가진 것의 차이에 따라 따로 가는 실정입니다.

이어령 선생님은 모멸과 고통을 주는 결핍의 중요성을 강조하였습니다. 그의 눈에는 늘 모자람을 탄식하는 청소년들이 충분히 충족되어 있는 것처럼 보입니다. 오늘의 청소년들에겐 오늘이 내일과 같지 않고, 내일은 모레와 같지 않습니다. 청소년들은 내일은 다를 수 있는 오늘을 가지고 있기에 그것만으로도 충분하다고 하였습니다.

이어령 선생님은 전쟁을 통해 결핍 정도가 아니라 폐허의 오늘을 경험했습니다. 오늘은 일장기였는데, 내일은 태극기로 바뀌었습니다. 오늘은 태극기였는데, 내일은 다시 인공기로 바뀌었습니다.

그리고 다시 태극기로 바뀌는 깃발의 무시무시한 변검술은 오늘을 내일에 대한 공포로 가득 차게 만들었습니다.

결핍을 두려워하지 마십시오. 결핍은 모자란 부분이 아니라 채우기에 안성맞춤인 공간입니다. 오늘 비어진 부분은 내일 채워질 수 있다는 희망이 있습니다. 비어 있고 모자라기 때문에 더 빨리 움직이고 더 부리나케 달려갈 수 있습니다.

이어령 선생님에겐 십대라는 시간이 온전히 결핍의 시기였습니다. 그러나 그는 결핍의 힘으로 견딜 수 있었습니다. 결핍을 채운 것은 바로 상상력이었습니다. 새롭게 채우려는 창조력이었습니다. 상상력과 창조력은 물질이 아니지만 빈 영역을 충분히 채우고도 넘쳤습니다.

창조 DNA로 한계를 뛰어넘어라

한국인들은 머리 좋기로 세계에서 둘째가라면 서러워하지만, 그다지 창의적이지는 않다는 얘기를 많이 들었을 것입니다. 이어령 선생님은 이 말을 터무니없다며 반박합니다.

1953년 한국전쟁이 막 끝났을 때 한국은 기반 시설이 거의 남아 있지 않았습니다. 제조업 시설의 절반이, 그리
고 철도도 80퍼센트 가까이 유실되었다고 합니다.
10여 년 가까이 흐른 뒤에도 연간 1인당 소득이
100달러에도 못 미쳤는데, 이는 당시 아프리카 가
나의 절반 수준이었다고 합니다. 세계의 석학들이
이런 한국을 바라보는 시선은 다분히 부정적이었습니다. 그들이
보기에 이렇다 할 자원도 없는 한국은 거의 가능성이 없는 나라,
가난에서 벗어나기 어려운 최빈국, 세계도 언제까지 원조해야 할
지 알 수 없는 포기 직전의 나라였습니다.

그로부터 30여 년 뒤에 세계 200여 나라에서 사람들이 한국에
모여들었습니다. 이렇게 많은 나라가 한국에 한꺼번에 모인 것은
한국전쟁 이후로 처음이었습니다. 그때는 전쟁을 지원하기 위해 총
칼을 들고 왔지만, 이때는 그 나라 최고의 운동선수들과 관광객들
이 모여들었습니다. 88올림픽 때였습니다. 그 뒤의 경제적·문화적
성장은 우리가 잘 알다시피 사람들의 상상을 초월한 것이었습니다.

가장 창의적이라던 세계 유수의 학자들이 한국에서 민주주의가
피어나기를 기대하기보다는 쓰레기통에서 장미꽃이 피어나는 것을

기다리는 것이 더 나을 것이라고 말했던 나라가 빈곤과 정치적 구속에서 벗어나 이제 선진국 반열에 올라선 것입니다. 유명한 경제학자 피터 드러커도 한국의 발전을 보면서 세계에 유례가 없는 나라라고 했습니다. 50년, 60년 사이에 가장 절망적인 나라에서 가장 창의적인 나라로 둔갑한 것입니다.

이어령 선생님은 절망을 희망으로 바꾼 창조적 힘이 이런 대역전극을 가능하게 한 것이라고 했습니다. 눈에 보이는 한계를 뛰어넘을 수 있는 힘은 창조력이 아니면 불가능하다는 것입니다. 가령 똑같이 한자 문화권에 속해 있는 한국과 일본이 제나라 문자를 만든 것을 두고 생각해 보라는 것입니다. 한글은 한자에서 따온 것이 아니라 독자적인 체계로 만들어진 것입니다. 그런데 일본의 문자인 가나는 한자에서 일부를 직접 따다가 변형시킨 글자입니다. 일본은 한자를 모방한 것이고 한글은 한자에서 벗어나 창조한 글자입니다.

그것은 세대를 거쳐서도 지워지지 않는 DNA처럼 남아 있다고 했습니다. 세대를 걸쳐 우리는 세계에서 가장 뛰어난 창조력의 DNA를 물려받은 것입니다. 아놀드 토인비는 늘 창조적인 소수에 의해 역사는 변해 왔다고 했습니다. 한국인처럼 변화에 민감하고 발 빠르게 대응하는 사람은 없을 것입니다. 이 역시 창조 DNA 덕분일 것입니다. 어떤 학자는 창조 지수가 뛰어난 나라가 부강해질 거라고 예견했습니다. 그렇다면 가장 수준 높은 창조 DNA를 가진 우리가 미래의 주인이 될 가능성이 누구보다 높다는 뜻일 것입니다. 마지막으로 이어령 선생님처럼 환경을 지배한 사람들을 더 소개하고자 합니다.

환경의 지배자들

빅터 프랭클 _ 환경을 지배하는 자유를 선택하다

빅터 프랭클은 정신과 의사였습니다. 그리고 유대인이었습니다. 그는 나치에 붙잡혀 아우슈비츠 강제수용소로 끌려왔습니다. 매일 사람들이 가스실로 사라져 가는 유대인 대학살의 끔찍한 현장이었습니다.

이곳에 도착하면 모든 것을 잃어버립니다. 이름, 나이, 무엇을 하던 사람이었는지, 꿈이 무엇이었는지 더 이상 알 필요가 없는 것입니다. 발가벗겨져 몸 안의 털마저 모두 깎이는 치욕 뒤에 주어지는 단 한 벌의 죄수복. 거기 붙은 번호는 앞으로 죽게 될 사람의 숫자라는 것 말고 아무런 의미도 없었습니다.

매일 사라지는 사람들은 아내일 수도 있고, 자식일 수도 있고, 부모일 수도 있습니다. 자신 역시 어느 날 조용히 사라질지 모를 일이었습니다. 구출? 그런 건 없습니다. 외부에서는 이런 데가 있다는 것조차 모르고 있으니까요. 전쟁만 끝나면? 이 기약 없는 시간을 기다린다는 건 더 큰 고통을 가중시킬 뿐입니다.

이러한 환경에서 그는 오늘 살아 있음과 내일 죽음 그 사이에 무엇이 존재할까를 생각했습니다. 과연 그 사이에 존재하는 건 어떤 의미가 있는 걸까요? 그는 거기서 자유를 발견했습니다.

어떤 이는 공포를 견디지 못하고 자살하는 사람도 있었고, 모든 것을 포기한 채 눈물도 흘리지 않는 사람도 있었습니다. 그러나 그런 사람들이 전부는 아니었습니다. 그 죽음의 냄새가 자욱한 가운데서도 삶을 영위하는 사람들이 있었습니다.

내일 죽을지도 모르는데 오늘 충실한 삶을 살기 위해 노력하는 사람들이 있었습니다. 인간의 존엄성을 지키기 위해 노력하는 사람도 있었습니다. 환경은 똑같이 주어졌지만 소수의 사람들은 자신의 삶을 선택할 자유를 누리고 있었던 것입니다. 극단의 환경에서도 좌절하지 않을 자유, 포기하지 않을 자유, 삶의 의미를 되새길 수 있는 자유를 찾은 것입니다. 그들은 '내가 살아야 할 명백한 의미'를 계속 찾아냈습니다.

빅터 프랭클은 살아남아 『죽음의 수용소에서』라는 책을 통해 수용소의 체험을 감정의 진폭 없이 담담하게 말했습니다. 그를 비롯해 환경의 지배자들은 최후의 마지막까지 살아야 할 의미를 찾고, 정신이 행하는 모든 자유를 누렸습니다.

손정의 _ 시간을 지배하는 것이 환경을 지배하는 것이다

손정의는 재일교포 3세입니다. 할아버지는 밀항선을 타고 일본에 도착해 광부로 살았고, 아버지는 초등학교를 겨우 졸업하고 생선 행상을 했습니다. 그가 태어났을 무렵에는 일본인들이 재일한국인을 천시하는 경향이 강했습니다. 사회적인 차별도 심해 공무원이 되는 것도 불가능했습니다. 그는 유치원을 다닐 때 일본 아이들이 한국인이라고 욕을 하며 던진 돌에 맞은 일을 지금도 또렷이 기억하고 있습니다.

그는 가난과 차별이라는 환경을 벗어나기 위해 열일곱 살에 혼자 미국으로 건너가 단 3주 만에 고등학교 과정을 마쳤습니다. 버클리 대학 경제학과를 마치고 다시 일본으로 돌아왔을 때 그의 나이 겨우 스물세 살이었습니다. 그는 미국에 정착해 고단한 환경을 벗어날 수도 있었지만, 자신을 멸시하고 냉대한 환경으로 다시 돌아갔습니다. 그것만으로도 그는 환경의 지배자라고 할 수 있습니다.

그 후 설립한 IT 전문 투자기업 소프트뱅크의 사원은 두 명에 불과했습니다. 그러나 투자하는 회사마다 크게 성공하면서 이른 나이에 전문 기업가로 명성을 얻었습니다. 8개 회사에 투자하기 시작한 소프트뱅크는 얼마 지나지 않아 800여 개의 회사에 투자할 만큼 성장가도를 달립니다. 특히 인터넷과 컴퓨터 분야에서는 마이더스의 손으로 통할 만큼 안목이 대단했습니다.

마침내 일본 제일의 갑부에 오르면서 환경의 지배자가 되었고, 일본의 대학생과 신입사원들이 가장 존경하는 경영인이 되었습니다. 한국에서도 그에게 자문을 구할 만큼 그의 성공은 놀랍고 비범

했습니다.

그가 환경을 지배할 수 있었던 가장 큰 비결은 시간의 단축이었습니다. 똑같이 시간을 사용해서는 환경에 따라갈 수밖에 없었으므로 그는 시간을 압축시키기 위해 최선을 다했습니다. 병원에 입원했을 때는 무려 4,000권의 책을 독파하며 단 1초라도 허투루 쓰지 않았습니다.

에드워드 사이드 _ 왜곡된 환경의 줄기가 아닌 뿌리를 갈아엎다

에드워드 사이드는 팔레스타인 출신으로 이스라엘의 침공을 피해 열여섯 살에 미국으로 건너왔습니다. 그때는 지금보다 아랍인에 대한 편견이 더 심했기 때문에 서구인들로부터 심한 모욕을 견디며 공부해야 했습니다. 그는 미국 최고의 명문대학을 나와 하버드 대학과 콜롬비아 대학에서 교수로 재직하며 『오리엔탈리즘』 『문화와 제국주의』 등 여러 명저를 썼습니다.

그의 책을 통해 사람들은 동양에 대한 인식이 철저하게 서구인들의 시각으로 왜곡되어 동양적인 것은 열등한 것, 비문명적인 것, 후진적이라는 이미지가 고착되었음을 알게 되었습니다. 더 무서운 것은 동양인들조차 이러한 인식을 내면화시켜 스스로의 정체성을 벗어던지는 경향이 팽배해졌다는 것입니다.

그는 서양의 우월주의를 고발하고, 잘못 형성된 오리엔탈리즘이 제국주의, 인종주의의 기반이 되고 있음을 낱낱이 파헤쳤습니다. 그는 현상이 아닌 뿌리 깊게 박힌 의식의 해체를 통해 처한 환경을 극복하려고 한 사상가입니다. 그리하여 동양과 서양의 이분법적인 논리를 해체하고 평화와 공존의 새로운 뿌리를 심고자 했습니다.

평생을 망명자로 살아야 했지만 그는 늘 조국의 평화를 위해 노력했고, 그의 사상은 많은 사람들의 의식을 바꾸어 놓았습니다. 그는 고정된 환경의 현상보다는 근원적인 진실에 도달하기 위해 모든 것을 걸었습니다. 그리하여 『오리엔탈리즘』이라는 세기의 명저를 남길 수 있었습니다.

　이어령 선생님은 젊은 세대들에게 굉장히 인기가 높습니다. 이미 20대 시절부터 소녀 팬들까지 거느릴 만큼 인기가 대단했습니다. 더 놀라운 건 수십 년이 지난 지금도 여전히 젊은 세대들이 강연이나 책을 통해 그를 만나려고 한다는 것입니다. 대부분의 은퇴 세대가 보여 주는 행보에 비하면 기현상이라고도 할 수 있습니다.

　최근 『젊음의 탄생』은 특히 대학이라는 학문의 바다로 떠나는 청년들이 꼭 지참하는 나침반과 같은 책이 되었습니다. 그들은 이어령이라는 주파수를 찾으려는 아마추어 무선사들처럼 열성적입니다. 가장 먼저 질문한 내용은 탄생에 관한 것이었습니다. 그것도 '청소년의 탄생'이었습니다.

　"우리는 매일매일 새롭게 태어나고 있다고 해도 과언이 아닙니다. 어머니의 배 속에서 태어났다는 건 횟수로 치면 한 번에 불과함니다. 불리할 걸 알면서도 직립보행을 하는 것도 태어나는 것과 다를 게 없습니다. 무엇이 두 발을 일으켰나요? 탄생의 힘입니다.

세계를 향해 첫발을 디뎠을 때, 무수히 넘어지고 무릎이 깨져 그 때마다 울었습니다. 그렇게 넘어져서 울면서도 아기는 또 일어납니다. 마침내 걸음마를 해냈을 때 아직 눈물이 마르지도 않은 아기가 웃습니다. 기억조차 할 수 없는 여러분들이 선택한 삶, 그게 얼마나 거룩하고, 자랑스럽고, 도전적인지를 깨달아야 합니다.

그런데 요즘은 그럴 기회도 박탈당하는 아기들이 있습니다. 엄마가 좀 편하자고 보행기에 앉혀 놓는 것입니다. 스스로 걸을 기회를, 탄생의 기회를 주지 않는 것입니다. 어쩌면 오늘날의 많은 청소년들이 꼭 보행기를 타고 있는 아기와 같은지도 모릅니다.

따로 선다고 해서 따로따로라고 했습니다. 따로 선다는 것, 홀로 서기, 독립이야말로 가장 멋진 탄생입니다. 따로서기가 없어진 청소년들은 보행기에 앉아 있는 아기들처럼 슬픕니다.

배 속에서 나올 때도 따로 태어나는 것입니다. 홀로 태어나는 거죠. 자신이 선택한 것입니다. 일어서는 것도 마찬가지고요. 심지어 말을 배우는 것도 그렇습니다. 언어의 탄생을 보세요. 제 의지로 단어들을 조합해 가며 말을 배워서 나오는 한마디 한마디가 부모를 감동시킵니다. 흔히 말문이 트인다는 얘기를 하죠. '엄마'라는 그 말을 처음 내뱉은 언어의 탄생을 생각해 보세요. 그때도 아기는 웃습니다. 탄생은 고통이 없이는 만들어지지 않지만 탄생하는 그 순간의 환희는 아기조차 너무도 신비롭게 느끼는 것입니다.

지금은 기억하지 못하는 그때만 머릿속에 떠올려 봐도 우리는 우리 자체로 행복한 것이고, 산다는 건 기적이며, 내가 이 우주에서 얼마나 귀중한 존재인가를, 그래서 헛되이 살아서는 안 된다는 것을 깨달을 수 있습니다. 우리 모두는 알고 보면 이렇게 스스로 태어날 줄 아는 천재들이고, 운명의 결정자들이며, 또 가장 현명한 선택자들입니다."

이어령 선생님은 자신의 20대를 잃어버린 젊음의 세대라고 했습니다. 이 젊음을 제대로 누려 보지 못한 안타까움을 많은 젊은이들에게 전했습니다. 그래서 마음껏 누리고 즐기며 탐색하고 찾아가라고 하였습니다. 그의 십대는 정말로 암울한 시기였습니다. 바깥으로 싹을 틔우고 바람을 맞아야 하는데 땅속에 웅크린 채 아무것도 할 수 없었던, 움트지 못한 씨앗이었습니다.

땅속에서 썩어 버릴 수도 있었지만 그는 힘겹게 지상으로 고개를 내밀었고, 결국 놀랄 만큼 풍성하고 큰 나무로 자랐습니다. 한 가지 꽃만 지겹게 피우는 나무가 아니라 언제나 마음먹은 대로 다채로운 꽃을 피워 내는 마술의 꽃나무가 된 것입니다. 88올림픽 문화 행사부터 새천년축제에 이르기까지 그의 상상력은 늘 새롭고 독창적이었습니다. 이 창의력의 매력이 두 세대나 아래인 젊은이들을 사로잡고 있는 것입니다. 그에게서 나오는 창의의 힘은 무엇인지 물었습니다.

"내 창의력의 친구는 책이었습니다. 나는 열한 살 무렵에 세계문학전집을 다 읽었습니다. 책이라는 친구는 나를 늘 상상의 세계로 옮겨 주었습니다. 현실에서는 여전히 싹을 틔우지 못하는 씨앗이었는지는 몰라도 그 작은 씨앗 안의 상상의 공간에서는 이미 활짝 다 핀 꽃나무가 될 수 있었습니다.

그리고 또 하나의 친구는 결핍이었습니다. 무엇이든 가지고 싶은 십대가 나에게는 온전히 공백기였습니다. 채울 것이 없는 그때는 아무도 걸어가지 않는 눈길과 같았습니다. 을씨년스런 느낌이 들지도 모르지만 그 텅 빈 눈길을 친구와 함께 걸었습니다. 내가 걸어가며 내는 그 발자국에서 상상력이 나오고 창의력이 길러졌습니다. 아무도 걸어가지 않은 길의 허허로움을 견뎌 낼 수만 있다면 그 길에 내가 원하는 흔적을 온전히 남길 수 있습니다.

상상력의 구체화는 눈사람과 같습니다. 숯이 눈사람을 만나면 눈이 됩니다. 물 담는 깡통은 모자가 되고, 겨울 소나무에서 떨어진 솔방울 가지는 담배 곰방대가 되고, 눈 쓰는 빗자루는 손이 됩니다. 평소의 쓸모가 완전히 바뀌어 버리는 것, A시스템을 B시스템으로 바꾸는 것, 이렇게 시스템을 전환하고 이동시킬 수 있는 상상력이 바로 국가의 자원이 됩니다.

요즘은 상상력이 국력이 되는 세상입니다. 이런 상상력을 키워 주기는커녕 아예 자라지도 못하도록 밟아 버리는 획일적 교육은 머리를 콘크리트처럼 딱딱하게 굳히는 것과 다를 게 없어요. 고개를 살짝만 돌려 보세요. 보이지 않던 것들이 보이게 될 것입니다. 생각의 목뼈를 굳히는 것이 아니라 유연하게 하는 것이 교육이며, 그 교육의 결과가 나라의 창조적 자원이 되는 것입니다."

교육 이야기가 나온 김에 조금 더 자세하게 물었습니다. 한창 자라는 우리는 먹성만큼이나 호기심도 왕성합니다. 집에 오자마자 인사보다 밥 달라는 말을 더 빨리 하는데, 밥 달라는 요구와 같은 것이 호기심을 채우려는 질문일 것입니다. 그러나 지혜의 배는 아무리 쫄쫄 굶어도 그 소리는 잘 못하는 것 같습니다.

"궁금합니다. 대답해 주세요."

잘 묻는 사람이 원하는 대답을 얻을 수 있다고 합니다. 무엇을 어떻게 물어야 호기심을 든든하게 채울 수 있을까요? 잘 묻기 위해서는 무엇을 해야 할까요?

"여러분들은 스스로 선택하는 교육을 해야 합니다. 본래의 나를 지켜 나가세요. 학교나 가정에서도 그래야 합니다. 초등학교 때부터 주입식 교육을 시켜 일찌감치 삶을 규정해 줘 버리면 평생을 고생하게 됩니다. 많은 선택지를 줘서 다양한 가능성들을 열어 가도록 해야 합니다. 해답이 오직 하나밖에 없는 시험보다 더 중요한 것이 있다는 것, 영원히 답을 찾을 수 없는 '삶의 시험지'가 우리 앞에 놓여 있다는 것, 해답이 없는데도 묻고 찾고 풀려고 하는 것. 그 자체가 얼마나 소중한 것인지를 알아야 한다는 것입니다.

아직 여러분들은 이 세상에서 결정된 게 아무것도 없습니다. 조금만 시각을 바꾸면 나는 뒤처지는 아이가 아니라 아직 발견하지 못한 금맥이 내 안에 묻혀 있다는 걸 발견하게 될 것입니다. 남이 발견한 광산에서 금을 캘 생각보다는 내가 스스로 금광을 찾아 나서는 사람이 되라는 것입니다.

그러기 위해서는 끊임없이 물어야 합니다. 끝없이 의심하고 질문하고 그래서 차근차근 답을 얻어 가야 하는데 현실은 녹록치 않습니다. 학교에서 치는 시험이라는 것이 그 예입니다. 여러분들이 묻고 선생님이 그 답을 가르쳐 주어야 하는데 시험을 치는 것은 정반대잖아요. 선생님이 묻고 여러분들이 답을 쓰는 것이지요.

선생님이 제비가 얼마나 빨리 나느냐 하는 것을 다른 새들과 비교를 해서 가르쳐 주실 때 나는 그것보다는 제비는 어떻게 새끼들에게 정확하게 먹이를 분배하는가를 더 궁금히 여겼지요. 그런 질문을 했다가 수업 방해를 한다고 선생님에게 야단을 맞기도 했죠.

이 의문이 풀리는 데 50년이 걸렸습니다. 언젠가 우연히 본 책에 이렇게 나와 있더군요. 배고픈 새는 저절로 입이 더 크게 벌어진다고요. 그러니까 입 큰 놈한테만 잡아 온 먹잇감을 집어넣으면 틀림없었던 것입니다. 다시 말해 나는 어렸을 적에 품고 있던 의문이 있었기에 우연한 기회에, 그것도 50년 가까이 지난 어느 날 그 의문을 풀게 된 것입니다.

의문을 품으면 언젠가 꼭 풀리게 된다는 것을 믿어야 합니다. 그러므로 여러분들은 질문의 답을 듣는 데 그치는 게 아니라 질문을 만들어 내는 궁금증을 더 소중하게 생각해야 합니다. 신선의 지팡이 이야기도 바로 질문을 어떻게 해야 하는지에 대한 이야기입니다. 무엇을 묻는 것보다 더 중요한 것은 어떻게 질문하느냐 하는 것입니다."

이어령 선생님은 지도자는 최초의 펭귄(first penguin)이, 20대는 조나단 같은 꿈꾸는 갈매기가 되어야 한다고 하셨습니다. 가장 먼저 위험에 자신을 노출시킴으로써 뒤따르는 무리들을 안전하게 한다는 최초의 펭귄. 다른 하늘을 날겠다는 의지와 모험의 시기를 대변하는 갈매기 조나단. 그렇다면 청소년들이 배워야 할 동물은 어떤 것인지 물었습니다.

"갈매기가 배나 선창가에서 배회하고 있는 것은 나는 게 아닙니다. 단지 먹이를 구하는 행위일 뿐이지요. 진짜 난다는 것은 날기 위해서 나는 것, 어디까지 높이 날 수 있는지 모험을 하는 것, 이게 진짜 나는 것입니다. 먹이를 구하려고 날갯짓을 하는 것은 생존의 습관적인 몸짓에 지나지 않습니다. 청소년들에게도 이렇게 말해 주고 싶습니다.

"벌이 되지 말고 나비가 되어라."

나비는 노동도 하지만 춤도 추지 않습니까. 사랑과 노동이 하나가 되어 있는 것입니다. 그러나 벌은 그렇지 않죠. 벌은 일직선으로 날아가서 꿀을 딴 다음엔 다시 일직선으로 벌집을 향해 날아옵니다. 반대로 나비는 하늘하늘 날기 때문에 눈에 잘 띄는 것입니다. 그래서 짝을 찾는 것이지요. 꿀벌은 의무의 노동이지만 나비는 꿀만이 아니라 짝을 찾는 춤이기도 한 것이니까 꿀 따는 노동은 즐거운 놀이이기도 합니다. 일과 노는 것이 하나가 되는 세상, 그것이 바로 우리가 찾고 있는 낙원의 세계가 아닐까요?

나비처럼 개미도 일직선으로 먹이를 찾아가지 않습니다. 개미는 이리저리 방황하다가 먹이를 찾아냅니다. 그러다가 먹이를 찾으면 이번에는 일직선으로 자기 집을 찾아오지요. 방황을 두려워하지 마세요. 먹이를 찾기 위해 끊임없이 방황하는 개미를, 노동과 놀이를 동시에 추구하는 나비를 닮으세요."

아름다운 인간의 조건,
나눔

필리핀 마닐라에서 시상식이 열리는 막사이사이상은 매년 세계적인 관심을 받는 국제적인 행사입니다. 아시아인들을 대상으로 하고 있어 우리에겐 더욱 각별한 의미를 가집니다.

그런데 얼핏 괴상하게 들리는 이 이름만으로는 이 상의 정체를 알아차리기가 쉽지 않습니다. 막사이사이는 필리핀의 존경받는 대통령이었습니다. 독재와 전쟁이 판치던 냉전의 시대에 막사이사이 대통령은 필리핀 국민으로부터 나오는 권력을 존중하고, 국민의 편에서 민주적인 개혁에 힘써 필리핀의 부흥기를 일구었습니다. 이 상은 그가 불의의 비행기 사고로 사망하자 그의 업적을 기리기 위해 제정되었죠. 그래서 아시아의 노벨평화상이라고도 한답니다.

막사이사이상 수상자들의 면면을 보면 막사이사이 대통령이 그랬듯이 모두 나를 넘어 남을 위해 살아온 사람들입니다. 독재의 서

슬이 퍼런 나라에서 부당한 권력과 온몸으로 맞서 싸운 사람들, 밑바닥으로 내려가 헌신적으로 하층민들의 구제를 위해 살아온 사람들, 수십 년 동안 시민사회와 공동체를 위해 일한 시민운동가들, 무료로 환자를 치료해 준 의사들, 교육에서 소외된 사회적 약자들에게 헌신한 교육자들이 주로 이 상의 수상자가 되었습니다.

그러니 기업가가 이 상을 수상하는 전례는 없었습니다. 기업 활동이 기본적으로 추구하는 바가 다른 탓입니다. 그런데 놀랍게도 2006년 공공부문의 막사이사이상 수상자는 한 기업의 상임이사였습니다. 물론 그 기업은 영리를 주로 하는 일반적인 기업이 아니라 자선을 목적으로 영리를 함께 추구하는 사회적 기업이었습니다. 우리나라의 대표적인 사회적 기업인 아름다운재단과 아름다운가게의 박원순 총괄상임이사가 그 주인공이었습니다.

그는 점포 수가 100개가 넘는 '아름다운가게'를 맨 처음 시작하고 이끌어 연매출 100억이 넘는 사회적 기업으로 만들어 낸 장본인입니다. 아름다운재단과 아름다운가게는 이미 세계적으로도 널리 알려져 각국의 시민단체들이 벤치마킹하려는 대표적인 모범 사례가 되었습니다.

실패할 거라는 예상을 뒤엎고 5년 만에 100배 성장이라는 놀라운 성공을 거둔 아름다운가게를 토대로 그는 좀 더 근본적인 방향을 찾았습니다. 더 나은 시민 사회를 만들기 위해 시민들이 직접 참여하고 그 시민들이 실천할 토대를 연구하는 싱크탱크, 희망제작소가 그것입니다.

그는 국내에서 가장 널리 알려진 시민운동가이기도 합니다. 1980년대는 '민주사회를 위한 변호사모임'의 창립 멤버로 법으로부터 소외된 약자를 위해 인권 변호사로 활동했습니다. 1990년대에는 시민단체인 참여연대에 초기부터 동참해 치열했던 초창기 시민운동에 뛰어들었습니다. 대표적인 시민운동가 1세대로 손꼽히지만 지금은 시민운동의 새로운 비전을 열어 가는 소셜 디자이너(Social Designer)로 더 많이 불립니다.

소셜 디자이너로서의 그의 역량이 발휘된 가장 대표적인 업적이 새로운 기부 문화의 정착이었습니다. 그동안 기부는 부자가 가난한 사람들을 돕는다는 일방적인 행위였으며, 그래서 가진 자의 권리쯤으로 여겨졌습니다. 그러나 그는 가난한 사람들을 돕는 것이 아니라 우리 사회를 그들이 원하는 사회로 변화시키는 방안을 모색했습니다. 그러기 위해서는 누구나 기부에 참여할 수 있으며, 누구라도 아름다운 손을 내밀 수 있다는 인식의 변화가 필요했습니다. 나눔 1퍼센트는 그렇게 탄생한 기부 문화입니다.

수입의 1퍼센트, 유산의 1퍼센트. 그러나 내가 가진 것의 1퍼센트를 나누는 행위는 단순히 돈의 차원만이 아니었습니다. 내가 가진 능력을 필요한 곳에 보태는 재능의 1퍼센트까지 의미를 부여했습니다. 디자이너들은 자신의 디자인을 제품 개발에 허덕이는 중소기업들의 로고나 상품에 기부하고, 나의 시간을 아름다운가게에서 일하는 시간으로 내놓기도 합니다. 세상에 나누지 못할 것은 없는 것입니다.

나눔에 관한 한 가장 많은 아이디어를 보유하고 있을 것 같은 박원순 상임이사는 막사이사이상을 수상하며 이렇게 말했습니다.

"이번 수상의 이유로 내세운 그 모든 것들은 저 혼자서 한 것이 아니라 많은 사람들이 함께해 온 결과입니다. 공동체를 걱정하는 지식인들의 자발적인 협력이 있었고, 사회 변화를 꿈꾸는 젊은 스태프들의 열정이 있었으며, 기꺼이 회원이 되고 회비를 내어 준 일반 시민들이 있었습니다. 이들이야말로 오늘 이 자리에 함께 있어야 마땅한 사람들입니다. 사회를 바꾸기 위해 기꺼이 자신의 지식과 지혜, 돈과 시간, 재능을 기부한 사람들입니다."

이 수상 소감에 이번 강의에서 배워야 할 모든 것이 들어 있습니다. 인간은 어떻게 아름다워질 수 있는가? 아름다운 인간의 조건은 무엇인가? 그렇다면 가장 먼저 아름다운 인간의 척도를 알아보아야 할 것입니다.

아름다운 인간의 척도

예로부터 선과 악은 살아가는 동안 내내 붙들고 놓을 수 없는 삶의 가장 중요한 문제였습니다. 선과 악을 구분하고 선을 행하는 것은 인간이 인간답게 사는 기본적인 척도였습니다. 그러나 때로는 구분이 모호해져서 누구는 이것을 선이라 하고 누구는 이것을 악이라 하며 혼란에 빠졌습니다. 그래서 선과 악을 분간하고 대체로 인정할 수 있는 만인의 법이 세워지고, 종교도 등장하였습니다.

그러나 인간의 역사에서 선악의 문제가 대두된 이래 지금까지도 완전한 해결은 없었습니다. 인간의 욕망은 법을 얼마든지 악하게도 만들 수 있고, 종교의 교리마다 차이가 드러나 선을 자처하고 악을 몰아낸다는 구실로 전쟁이 일어나기도 하였습니다. 심지어 한때는 선이었던 것이 나중에는 악으로 정체가 드러나면서 역사도 진실한 잣대가 되지는 못했습니다.

아름다움은 얼핏 선악의 문제보다 더 모호해 보입니다. 미추의 구분이야말로 개개인의 취향이 확실하게 지배하는 영역 같습니다. 간섭 없이 내 멋대로 선택이 가능한 아름다움의 판별은 인정해 주거나 말거나 그뿐입니다. 그래서 '아름답다'는 단어는 그다지 영향력이나 효용성이 없어 보입니다.

물론 인간에겐 대체로 보편적인 미적 기준이 있고 그 기준은 시대마다 변화를 겪습니다. 문학에서 아름다움과 추함은 늘 선악의 문제에 들러붙고서야 구체화되기도 합니다. 예술에서도 미추는 언제나 도발과 전복이 연속되며 지배적인 사조가 아름다운 것으로 인정되고 그렇지 못하면 추한 영역으로 떨어지기도 합니다. 그 대표적인 것이 19세기 프랑스 화단에서 시작된 인상주의 화풍이었습니다. 기존의 화풍과는 너무도 달라 그림이 아니라 그리다 만 인상 같

다고 해서 붙여진 악의적인 이름이었으나 이 시대의 그림들이 현재
는 가장 사랑받고 또 가장 비싸게 거래되고 있습니다.

누군가 '이 꽃은 아름답다' 고 말할 때의 '아름다움' 은 객관적인
가치가 되지 못합니다. 말하는 사람의 주관적인 취향을 나타내는
말일 뿐이기 때문입니다. 그러나 '아름다운' 대상이 '인간' 인, 즉
'그는 아름다운 사람이다' 라는 표현을 누군가가 한다면, 그것은 주
관적 취향이 아니라 누구나 인정하는 진실을 나타내는 객관의 힘을
가지게 됩니다. 아름다운 인간을 구분하는 명백한 기준이 있기 때
문입니다.

이는 아름다운 인간인지 추한 인간인지를 구분하는 것이 아니라
아름다운 인간인지를 알아볼 수 있는 척도입니다. 나눔은 인간을
아름답게 하는 가장 확실한 행위이자 의미입니다. 나눔이라는 행위
가 이루어지고 있을 때 인간은 누구라도 아름답게 보입니다. 그리
고 나눔의 행위가 오래 지속될수록 얼굴이 예뻐지듯 아름다운 사람
이 됩니다.

나를 버리고 나눔을 끊임없이 실천하는 사람들에겐 누구도 다른
잣대를 들이대지 못합니다. 만약 이런 사람들을 매도하는 자가 있

다면 그는 오히려 수많은 사람들에게 지탄만 받을
것입니다. 아름다운 사람은 세계 공통어처럼 누구
라도 알 수 있게 마련입니다.

　서두에서 굳이 막사이사이상의 의미를 부연한
것은 이 상이 바로 아름다운 사람들에게 수여하는
상이기 때문입니다. 그들은 평생 동안 나눔의 행위를 지속해 왔고,
여전히 더 많은 나눔을 생산하고 있는 사람들입니다. 세상을 조금
이라도 아름답게 변화시키기 위해서 그들은 나를 버리고 세상을 위
해 온전히 자신을 소진했습니다.

　박원순 상임이사는 그런 아름다운 사람의 모델입니다. 이번 강
의에서는 무엇이 그를 아름답게 하였는지 들여다볼 것입니다. 그러
다 보면 자연스럽게 사람이 아름다울 수 있는 조건들과 만나게 될
것입니다. 그것은 흔히 성공이 모든 것의 종착지처럼 여겨지는 물
신의 환상을 벗겨 내는 일이기도 합니다. 성공 혹은 성공한 사람을
훨씬 뛰어넘는 아름다운 사람이야말로 우리들이 지향해야 하는 삶
인 탓입니다.

　많은 사람들이 성공의 가치에서만 머물며 일생을 마감합니다.

만약 성공이라는 목표를 형상화한다면 그 재질의 대부분은 인간이 누리고 싶은 탐욕과 욕망으로 이루어져 있을 것입니다. 그러나 그보다 더 높은 가치를 이루어 내는 사람들이 있습니다. 인간으로서 가장 아름다운 단계, 그것이야말로 성공이란 가치가 얼마나 낮은 단계에 있는지를 발견하게 해 줄 것입니다.

세상을 아름답게 만든 사람들

이제 세 장면을 살펴보겠습니다. 여기 등장하는 사람들은 우연히 낯선 상황에 맞닥뜨리게 됩니다. 여기서 낯설다는 의미는 단순히 익숙하지 않다는 게 아닙니다. 사람과 사람 사이에서 낯설다는 것은 상대가 누구인지 잘 모르겠다는 뜻일 것입니다. 그러나 그 낯설음의 극단은 상대가 사람으로 보이지 않을 때입니다.

분명 사람과 사람이 함께 있는데도 한쪽은 마치 짐승처럼 취급받는 상태에 있다면 어떨까요? 그렇다면 과연 다른 한쪽에는 사람이 있는 것일까요? 사람이 짐승 취급을 받고 있다면 다른 한쪽도 인간일 수 없는 상황, 오히려 더 지독한 육식 짐승이 되어 있는 게 아닐까요? 그래서 갑자기 잔인한 약육강식의 세계로 돌변하는 장면을 상상해 보십시오. 그들은 그런 상황과 마주하게 됩니다.

제1장면 _ 인종차별에 시달리던 식민지 출신 변호사

영국으로 유학을 간 그는 변호사가 되었습니다. 식민지 출신으로는 이만하면 누가 봐도 출세한 편이었습니다. 물론 영국인들의 업신여김을 받았지만 그 정도는 감내할 수 있었습니다. 그는 목표를 이루었고, 변호사 사무실에서 안정적으로 일할 수 있게 되었으니까요.

어느 날 그는 당시 영국 식민지였던 남아프리카연방(보어 전쟁 후 남아프리카를 식민지로 삼은 영국은 이 지역을 영국 연방의 일원인 남아프리카 연방으로 만들었다. 현재는 남아프리카 공화국)에서 첫 소송을 맡게 되었습니다. 남아프리카에 도착한 그는 기차를 타야 했습니다. 기차표의 번호를 찾아 자리에 앉자 영국인들과 경찰이 몰려와 화를 냈습니다.

"너 같은 유색인종은 우리와 같은 객실에 앉을 수 없어. 화물칸으로 꺼져 버려!"

그러고는 그의 가방을 기차 밖으로 던져 버렸습니다. 여권과 기차표를 보여 주었지만 막무가내였습니다.

기차를 포기하고 마차를 타려고 하자 이번에는 마차 옆에 서서 가야 하는 자리의 표를 받았습니다. 마차에 자리가 많은데도 말입니다. 항의했지만 돌아오는 건 채찍질뿐이었습니다.

도로에 쓰러진 그를 부축해 준 사람들은 그와 같은 인도인 이민자들이었습니다. 그때 그는 자신과 같은 인도인들이 모두 이런 처지라는 걸 깨달았습니다.

제2장면 _ 극빈층에게 희망을 심어 준 경제학자

그해에는 대기근이 발생해 사람들은 죽음 바로 곁에서 살아야 했습니다. 그들은 부모, 자식, 형제가 굶어 죽어 가는 것을 지켜보는 것 말고는 할 수 있는 게 없었습니다. 어떻게든 살려고 발버둥치는 사람들도 간신히 입에 풀칠만 하는 정도였습니다.

그들은 고리대금업자에게 대나무 재료를 빌려 바구니를 만들어 팔면 단돈 2센트를 벌 수 있었습니다. 하루 종일 뼈 빠지게 일했지만 돈을 모을 수는 없었습니다. 하지만 이렇게라도 하지 않으면 며칠 뒤엔 굶어 죽게 될 것이기 때문에 선택에 여지가 없었습니다.

그들은 가진 것이 없었기에 은행에서 돈을 빌릴 수 없었습니다. 그래서 고리대금업자를 찾게 된 것입니다. 그들은 돈 대신 항상 재료만을 빌려 주고 완성된 제품을 겨우 2센트만 지불하고 가져가 버렸습니다. 마을 사람 대부분이 이렇게 고리대금업자들에게 착취를 당하고 있었습니다.

대학에서 경제학을 가르치던 그는 대학 주변 마을에서 이런 일이 일어나는 것을 목격했습니다. 돈을 빌린다 해도 이자가 너무 세고, 고리대금업자들은 담보가 되는 땅을 헐값에 사들여 사람들을 빚의 굴레에 가둬 버렸습니다. 한번 빚을 지게 되면 죽기 전에는 그 굴레에서 헤어 나올 길이 없었습니다.

그는 경제학 강의에서 몇 백만 달러를 운운하지만 현실은 고작 몇 센트로 사람이 죽고 산다는 것에 큰 충격을 받았습니다. 허상을 가르칠 뿐이라는 자괴감이 몰려왔습니다. 그는 마을에 직접 내려갔습니다. 그들이 대나무 재료비를 가질 수만 있다면 이 악순환의 굴레가 끊어질 거라고 생각했습니다. 그는 42가구에게 모두 합쳐 27달러를 무이자로 지원했습니다. 이 일이 그의 삶을 바꾸었습니다.

제3장면 _ 인간애를 온몸으로 체험한 은행가

그는 스위스 은행의 잘나가던 은행가였습니다. 알제리에 부지점장으로 파견된 그는 사업을 하기로 마음먹고 땅을 사들였습니다. 큰 농장을 만들어 채소를 수출하는 사업을 시작했지만 얼마 가지 않아 빚만 지고 말았습니다.

막대한 빚을 갚기 위해 그는 프랑스 황제에게 돈을 빌리기로 작정하고 전쟁이 벌어지는 격전지까지 갔지만 만날 수는 없었습니다. 대신 지하실에서 계속되는 전투가 그치기를 기다려야 했습니다. 밤새 들리던 포성이 잠잠해지자 그는 황제를 만나러 가기 위해 옷매무새를 가다듬고 지하실에서 올라왔습니다.

그는 지하실에서 올라오자마자 다리를 휘청거리며 주저앉았습니다. 지상에서 목격한 것은 지옥이나 다름없었습니다. 시체가 평원을 가득 메웠고, 팔다리가 잘린 피투성이 부상자들의 고통에 찬 비명 소리가 하늘을 원망하며 울려 퍼졌습니다. 살려 달라며 간절히 손을 뻗는 병사들의 눈은 붉게 물들어 있었습니다.

그는 자기도 모르게 구역질을 하고 주저앉은 채 울고 또 울었습니다. 그러고는 돈을 빌리기 위해 만든 청원서를 주머니에서 꺼내

갈기갈기 찢어 버렸습니다. 그리고 부상당한 병사들은 부축하고 치료하기 시작했습니다.

이제 이들을 소개하겠습니다. 먼저 첫 번째 사례의 주인공은 시민불복종 운동으로 인도의 독립을 이끈 마하트마 간디, 두 번째는 대표적인 소액융자은행인 방글라데시 그라민 은행의 유누스 총재, 마지막은 세계에서 가장 큰 구호단체인 국제적십자사의 창시자인 앙리 뒤낭입니다.

그들은 변호사에서 운동가로, 교수에서 빈자들의 은행가로, 사업가에서 구호단체의 창설자로 변했습니다. 그들은 변호사로, 교수로, 사업가로 성공한 삶을 살 수도 있었을 것입니다. 그러나 인간에 대한 예의가 상실된 곳을 경험하자 변하기로 마음먹었습니다. 많은 인간이 인간답기를 포기한 현장에서 그들의 새로운 삶이 시작되었습니다. 다들 우연한 계기였지만 그들은 외면하지 않았습니다. 스스로 그 뿌리 깊은 인간의 모순으로 걸어 들어감으로써 아름다운 인간의 삶 역시 시작된 것입니다.

박원순 상임이사 역시 인간에 대한 예의가 처참하게 짓밟힌 현장에 서 있었습니다. 당시 그는 고작 스무 살의 나이였고, 최고의 명문대학교에 다니던 학생이었습니다.

어느 날 그는 여학생과 미팅 시간이 다 되어 도서관을 나서고 있었습니다. 갑자기 "와!" 하는 함성과 함께 비명소리, 타격 소리들이 터져 나왔습니다. 그가 도서관 2층에서 본 장면은 충격적이었습니다. 캠퍼스에 난입한 경찰들이 남녀 학생들을 가리지 않고 몽둥이로 두들겨 패고 있었습니다. 잡힌 학생들은 그렇게 매타작을 당하다가 질질 끌려 닭장차에 처박혔습니다.

지금으로서는 상상하기 힘들겠지만 당시는 대통령이 독재적인 권력을 행사하던 시절이었습니다. 게다가 그때는 학생운동을 진압하기 위해 내려진 긴급조치 9호가 발효된 지 얼마 되지 않았을 때였습니다.

박원순은 미팅이고 뭐고 생각할 겨를도 없이 도서관을 뛰쳐나와 시위 학생 대열에 합류해 어깨를 걸었습니다. 어린 학생들을 몽둥이로 무자비하게 진압하는 공권력을 도저히 참을 수 없었던 것입니다. 그때 그에겐 아무런 사상의 기초도 없었지만 인간에 대한 예의가 상실되고 인간을 짐승 취급하는 현장을 외면하지 않았습니다.

그는 단지 경찰에 맞섰다는 이유 하나로 4개월 동안이나 수감 생활을 해야 했습니다. 그리고 그곳에서 인간에 대한 예의를 배웠다고 합니다. 우리가 흔히 범죄자라고 손가락질하던 사람들에게 말입니다.

그가 감옥 안에서 만난 사람들은 악인들이 아니었습니다. 그들은 너무도 평범했고, 오히려 더 약한 사람들이었습니다. 그들이 여느 보통 사람들과 똑같은 환경에 있었다면 이곳에 오지 않았을지도 모른다고 생각하게 되었습니다. 어쩌면 이들 역시 죄인으로 내모는 사회 구조의 피해자일 수도 있다는 것이었습니다.

감옥에서 만난 사람들은 그에게 인간에 대한 예의를 가르쳐 주었고, 그것은 그가 인권변호사로 활동하게 한 계기 중 하나가 되기도 했습니다. 그는 서슴없이 말합니다. 대학에 감옥을 경험할 수 있는 교육 과정을 꼭 넣어야 한다고. 죄를 짓지 말아야 한다는 교훈을 주기 위해서가 아니라 인간에 대한 예의를 배우기 위해서 말입니다.

현장으로 찾아가는 말없는 발

변호사로 명망을 얻어 갈 즈음 그는 투병 생활을 하던 조영래 변호사에게 벼락같은 말을 들었습니다. 『전태일 평전』으로도 유명한 조영래 변호사는 많은 정치적 · 사회적 약자를 위해 변론을 해 왔던 존경받는 인권변호사였습니다.

그는 후배에게 돈에서 눈을 돌려 보라고 조언했습니다. 그 말은 그에게 자신의 삶을 되돌아보는 계기가 되었습니다.

변호사 생활은 그에게 점점 더 많은 부를 가져다주고 있었습니다. 잘나가는 변호사로 풍요로움을 누리고 있었습니다. 소위 부자 아빠가 되고 있었던 것입니다. 병실에서 들은 선배의 충고는 값진 것이었습니다. 그동안 탐욕에 익숙해져 가고 있던 자신이 점점 더 그 늪으로 빠져들고 있다는 걸 알게 된 것입니다. 그리고 그것은 진정 원했던 삶이 아니었음을 깨달았습니다. 곧 그는 변호사 생활을 정리하고 영국으로 유학길에 올랐습니다. 거기서 새로운 삶의 출발점을 찾게 되었는데, 아름다운가게의 모델도 거기 있었습니다.

아름다운가게는 영국의 옥스팜이라는 재활용 가게에서 힌트를 얻은 것이었습니다. 헌 물건이 다시 소비자를 만나 유통되는 통로이면서 거기서 나온 수익금이 곧 공익과 자선으로 환원되는 옥스팜의 시스템은 그에게 놀라운 시각을 열어 주었습니다. 그는 이것이야말로 한국에도 꼭 필요한 공익 시스템이라는 확신을 갖게 됩니다.

그러나 그의 꿈이 실현되는 데는 그로부터 10년 가까운 세월이 걸렸습니다. 아름다운가게의 형식을 이해하는 사람이 거의 없었던 것도 이유 중 하나였습니다. 그가 몸담고 있었던 참여연대에서도 재활용 가게의 가능성을 높게 보지 않았습니다. 아니 남이 쓰다 버리는 물건을 누가 사 간다는 건지 이해하기도 어려웠습니다.

그러니 기업은 두말할 나위도 없었습니다. 경제성이 없다는 이유로 어디에서도 지원을 받을 수 없었던 그의 선택은 현장이었습니다. 적어도 간사들에게는 그 현장을 보여 주고 싶었습니다. 이들만이라도 미국의 재활용 가게에서 생생한 현장감을 느낄 수만 있다면 그 어떤 비용보다 값진 것이라고 여겼습니다.

그의 생각은 적중했습니다. 성황 중인 재활용 가게들, 굿윌이나 구세군, 스리프트 스토어에서 간사들은 한국에서의 성공 가능성에 확신을 가지게 되었습니다. 그래서 그들은 보름 남짓한 짧은 기간 동안 조금이라도 더 실무를 배우기 위해 악착같이 달려들었습니다. 24시간이 모자랐고, 노출되면 안 된다며 공개하기를 꺼리던 노하

우까지 알아내려고 애를 썼습니다.

그들이 돌아왔을 때는 이게 될까 하는 막연한 불안 같은 것은 없었습니다. 분명히 될 것이라는 확신으로 충만해 있었습니다. 바로 현장의 힘이었습니다.

박원순 상임이사는 늘 현장을 강조합니다. 책상머리에서 모든 것을 해결하려는 태도는 무모하다는 것입니다. 계획을 짜는 것이 먼저가 아니라 직접 가서 보고 느껴야만 계획이 만들어진다고 했습니다.

우리는 내가 정말 봉사 활동을 할 수 있을지 의심합니다. "한 번도 해 보지 않은 일인데……" 하며 한발 뒤로 뺍니다. 만약 그가 있었다면 그는 서슴없이 말할 것입니다. 일단 현장으로 가 보라고 말입니다. 가 보면 내가 할 수 있는 게 너무도 많다는 걸 발견하게 될 거라고 말입니다.

미국의 한 자선단체의 연구 결과에 의하면 청소년기에 봉사 경험을 하는 사람은 성인이 되어서도 봉사 활동에 참여할 확률이 66.8퍼센트나 되지만 이때 봉사 경험을 하지 못하면 성인이 되었을 때 그 확률이 33.2퍼센트에 지나지 않는다고 했습니다. 그래서 박원순 상임이사는 말합니다. "나눔은 습관"이라고.

아직 학교는 아름다운 사람을 만드는 데는 큰 관심이 없으며 아름다운 행동에도 각별한 의미를 부여하지 않기에 나눔에 관한 교육 프로그램도 없습니다. 대신 현장이 학교보다 더 훌륭한 교육을 제공할 것입니다. 여전히 세상에는 인간에 대한 예의가 형편없이 무너지는 곳들이 너무도 많습니다.

모든 사람을 아름다운 인간으로 바꾸는 힘, 나눔

박원순 상임이사는 미국 유학 시절 하버드 대학의 교내 신문에서 놀라운 단어를 발견했습니다.

'Check enclosed.'

미국 작가 도로시 파커는 이 단어가 세상에서 가장 아름다운 영어라고 했습니다.

Check enclosed는 '봉투에 수표가 들어 있다'는 뜻인데, 바로 기부금을 말합니다. 여기서 수표란 거금이 아니라 액수가 크든 작든 나의 정성이 담긴 돈을 의미합니다. 이 단어는 유학 생활 내내 그에게 화두가 되었습니다. 이것을 우리말로 옮기면, 세상에서 가장 아름다운 한글은 '나눔'인 셈입니다.

미국의 한 신문은 나눔의 대표적인 행위인 기부에 대해 연구했는데, 1달러의 기부가 19달러의 수익을 만들어 내고 있다는 결과를 내놓았습니다. 그런데 나눔으로써 얻는 사회적인 결속과 유대는 돈으로 환산할 수 없을 만큼 훨씬 더 큰 수익이라고 했습니다.

아름다운 사람은 저 홀로 아름다운 꽃이 아닙니다. 그들은 사람들 속에서 그들의 발밑에 푸른 잔디를 까는 사람들입니다. 맨발로 푹신푹신한 잔디를 밟아 본 사람들은 스스로 가시밭길을 걸어 내고 잔디를 심는 일에 동참합니다.

아름다운 사람은 자신이 가진 것을 내놓음으로써 남도 저절로 그렇게 하도록 하는 사람입니다. 간디는 인도인들에게 자유의지를 심었고, 유누스도 빈민들에게 가난으로부터 탈출할 의지를 심었고, 뒤낭도 다친 사람은 적과 아군을 구분해서는 안 된다는 인간애를 심었습니다. 그들은 자신이 가진 모든 것을 내놓고서야 자유와 독립과 자존과 인간애를 심을 수 있었습니다. 그들이 심은 잔디를 밟은 사람들은 곧 자신 역시 아름다운 사람이 되어 가고 있다는 걸 스스로 깨닫게 됩니다.

　인도를 독립시킨 것은 간디와 수억 명의 인도인들입니다. 그라민 은행은 26년간 방글라데시의 10퍼센트가 넘는 사람들에게 혜택을 주었습니다. 더 놀라운 건 그라민 은행의 모델이 세계 60여 개국으로 퍼져 나간 것입니다. 세계적십자사는 세계 거의 모든 나라에서 활동하고 있습니다.

　박원순 상임이사가 아름다운재단에서 '나눔 1퍼센트'라는 기부 운동을 시작하자 많은 사람들의 생각이 바뀌었습니다. 나눌 것이 없을 만큼 가난한 사람은 없으며, 인간은 누구라도 나눌 것이 있고 그 나눔의 소용이 어디에든 있다는 걸 알게 된 것입니다. 그들은 자신이 직접 농사지은 산물을 나누는 것에서부터 시작해 자신의 장기를 기증하고, 유산을 나누고, 시간을 나누고, 월급을 나누고, 자신의 전문성을 나눌 수 있었습니다.

　실제로 부자들의 기부액보다 평범한 사람들이 모은 소액의 합이 훨씬 더 크며, 부자들보다 가난한 자들이 더 자주 기부

를 한다고 합니다.

　모두의 반대를 무릅쓰고 안국동에서 처음 아름다운가게를 시작하자 사람들은 또 다른 나눔의 가치를 발견하게 되었습니다. 내가 사용하던 물건조차 나눌 수 있다는 걸 알게 되었습니다. 나눔의 가게는 계속 늘어났고, 많은 자원봉사자들이 나눔의 가게에서 노동과 시간을 나누었으며 많은 시민들이 더 이상 쓰지 않는 물건을 나누게 되었습니다. 아름다운가게는 이미 100호점을 넘었습니다. 여기서 생긴 수백억 원이 가난한 이들과 사회적 약자를 위해 사회로 환원되었습니다.

　한 인터뷰에서 희망이 무엇이라고 생각하냐는 기자의 질문에 이렇게 그는 대답했습니다.

　"희망은 하늘에서 떨어지는 그 무엇이 아니다. 스스로 만들어 가는 것이다. 희망을 꿈꾸고 실천해 나갈 때, 희망이 생긴다. 단기적으로 보면 우리나라는 참 절망투성이다. 그러나 우리는 변화의 가능성이 많다. 『서유견문』을 쓴 유길준 선생은 서양에서 좋은 것을 보고 왔지만 실천해 볼 나라가 없었다. 우리는 실천할 나라가 있다. 권력도, 돈도 없지만 아이디어를 낸 것은 다 실천하려 노력하고 있기 때문이다."

　그에게 희망은 늘 구체적이었습니다. 시민과 함께 직접 구상하고 실천 방법을 찾아가는 새로운 개념의 연구소의 이름을 '희망제작소'로 지은 데서 그가 생각하는 희망의 정체를 엿볼 수 있습니다. 많은 사람들이 참여해 설계하고 만들어 가는 희망이야말로 그에겐 가장 희망다울 수 있는 희망이었습니다. 희망을 만지고 함께 호흡하며 느낄 때 그 희망의 형상이 만들어질 수 있다고 보았습니다.

　역설적으로 희망의 형상을 빚을 때 그는 늘 상상의 힘을 동원합니다. 이전의 시민운동에서는 볼 수 없었던 신선한 아이디어들이 샘솟듯 나온다 해서 그를 아이디어 발전소라고 부르기도 합니다. 건축가가 단 한 집도 같은 디자인으로 짓지 않듯이 그는 같은 일을 하더라도 매번 새롭게 디자인하려고 노력합니다. 그리고 그의 아이디어는 더 많은 아이디어를 만들어 낼 수 있는 연구소의 설립으로 뻗어 나갔습니다. 그것도 현장에서 직접 부닥치는 시민들의 아이디어로 사회를 바꿔 보자는 취지였습니다. 희망제작소는 그렇게 탄생한 것입니다.

　희망제작소라는 싱크탱크에 쌓이는 수많은 아이디어들이 미래

사회를 변화시킬 것이라는 그의 믿음은 조금씩 현실로 나타나고 있습니다. 학생들을 가르치는 선생님, 아이를 기르는 엄마, 출퇴근 지옥철에 시달리는 회사원, 목장에서 소를 기르는 농부, 밤늦게까지 공부해야 하는 학생 등 아이디어의 주인들은 구분도 구별도 없습니다. 사소하고 작지만 꼭 필요한 그들의 아이디어들은 이전엔 경험해 보지 못했던 변화들을 가능케 하고 있습니다.

우리를 둘러싼 온갖 불만들을 모아 노래로 만들어 합창을 하는 '불만 합창 페스티벌'도 그렇습니다. 구호도 중요하지만 합창은 더 많은 사람들이 공유하고 인식할 수 있습니다. 여럿이 함께 노래를 만들다 보면 모두 고개를 끄덕였던 온갖 불만을 담은 노래 가사들이 노래로 그치지 않습니다. 합창이 반복되면서 이러한 불만들을 개선할 수 있는 방향을 찾는 쪽으로 나아가기도 합니다.

희망제작소가 만든 사회적 벤처 기업인 '이로운몰'은 소비자와 생산자가 튼튼한 신뢰의 울타리 안에서 안심하고 사고팔 수 있는 대안적 쇼핑몰입니다. 여기에서는 상품뿐만 아니라 노동의 가치 역시 공정한 대가를 얻음으로써 누구에게도 희생을 요구하지 않으면서 모두가 행복에 이르는 혁신적인 경제를 실현하고 있습니다.

"왜 지하철 손잡이 높이는 다 같아야 하는가?"라는 의문에서 시작된 시민들의 아이디어는 결국 높낮이가 다른 지하철의 손잡이가 설치되도록 하였습니다.

우리는 우리도 모르게 커다란 가치들만이 세상을 확실하게 변화시킬 수 있다는 믿음에 사로잡혀 왔습니다. 그래서 세상을 변화시키는 추동의 자원으로서 내가 적합하지 않다거나 모자라다는 생각에 빠지곤 합니다. 박원순 상임이사는 작은 아이디어들의 소중한 가치를 알고 있었습니다. 그 아이디어들이 모여서 계속 숙성되다 보면 잘 익은 실천 희망 하나가 생겨난다는 걸 여러 사례로 보여 주고 있습니다.

어쩌면 세상에 아이디어를 내놓는다는 것 자체만으로 우리는 이미 변화를 시작하는 것인지도 모릅니다. 그는 대한민국 제1호 소셜 디자이너지만 아이디어를 궁리하다 보면 누구나 다 소셜 디자이너가 될 수 있을 것입니다. 인간은 어떻게 아름다워지는가? 작은 아이디어 하나를 세상에 심어 보는 데서 아름다움은 시작될 수 있습니다.

아름다운재단 박원순 상임이사를 만나서 가장 처음 든 생각은 아이러니하게도 '돈'이었습니다. 누구나 비슷하게 생각하는 돈의 의미를 풍부하게 만들었기 때문일까요?

요즘은 어릴 때부터 금융 교육과 경제 교육을 강조하고 있습니다. 어릴 적 돈을 잘 관리하는 습관이 나중에 커서 부자가 되는 비결이라고 가르칩니다. 너무 일찍 돈, 돈 하다 보니 가족 간에도 돈으로 실랑이가 자주 벌어집니다. 심지어 왜 우리 아빠는 부자 아빠가 아니냐며 따지기도 합니다. 그래서 자기는 커서 부자가 되는 게 소원이라고 말하기도 합니다.

박원순 상임이사에게 가장 먼저 물은 것은 청소년이 가져야 할 바람직한 돈에 대한 생각이었습니다. 그러나 그는 기업가들을 예로 들며 청소년들에게 돈 생각이 무슨 필요가 있느냐고 오히려 반문하였습니다.

'빌 게이츠나 스티브 잡스, 정주영 같은 분들이 돈에 대해 잘 알아서, 경제관념이 깊어서 큰 기업가, 큰 부자가 되었다고 생각하지는 않습니다. 오히려 그들은 사람과 사람 사이의 관계를 잘 알았고, 창의적인 사고에 능숙했기에 그렇게 놀라운 성과를 이룰 수 있었습니다. 청소년 시절부터 돈을 많이 벌어야겠다고 생각한다면 작은 구멍가게로 만드는 데 그치고 말 것입니다.

큰 기업가는 비전을 키우지 돈을 키우려고 하지 않습니다. 비전은 직원들이 움직여 만드는 것이니 직원들을 키워 주는 것이 곧 회사를 키우는 비결입니다. 그렇게 성장한 인재들이 점점 더 회사를 발전시키게 되어 있습니다. 돈은 그 뒤에 자연스럽게 따라오는 것이지요.

또한 위대한 기업인은 위대한 영혼을 가지고 있습니다. 우리가 세상의 본질을 잘 이해하고 바로 알고 그 순리에 따라 기업을 만들고 넓히고 키워 가야 정말 단단하고 뿌리 깊은 기업이 되지 돈만 벌겠다는 기술에 대한 생각만으로는 금방 한계에 도달할 것입니다.

카네기나 록펠러가 자신의 재산을 사회에 환원하지 않고 그냥 죽었다면 그들은 그저 그런 기업가로 남았을 것입니다. 기업을 하며 저지른 과오들에 대해서도 냉정한 평가만이 남았을 것입니다. 지금 카네기나 록펠러는 기업가로서는 죽었지만 카네기 도서관과 록펠러 재단으로 살아 있습니다."

나눔에 대한 실천은 어릴 때부터 경험을 하는 것이 중요하다고 합니다. 모금을 할 때도 기부를 해 본 사람들에게 먼저 하라고 합니다. 모금 확률이 더 높기 때문입니다. 기부의 즐거움을 아는 것이지요. 그래서 그에겐 어릴 적 어떤 경험들이 도움이 되었는지 물었습니다. 그는 뜻밖에도 어머니 이야기를 들려주셨습니다.

"넉넉한 살림은 아니었습니다. 오히려 가난한 편이었죠. 그때는 거지들이 부잣집 가난한 집 가리지 않았습니다. 어느 집이고 무턱대고 문을 두드렸죠. 가뭄이 심할 때는 하루에 열댓 번씩 거지들이 찾아와 밥 좀 달라며 서성거렸습니다. 그만큼 어려웠던 시절입니다. 그런데 어머니는 단 한 번도 거지들을 빈손으로 보낸 적이 없었습니다. 쌀독에서 조금이라도 쌀을 가져다주었는데 그 일을 꼭 제게 시켰습니다.

어느 날은 쌀독에 밑바닥이 보여 바가지로 득득 긁어 가며 쌀을 퍼 준 적도 있었습니다. 그런데 이 일을 계속하다 보니 '이제 우리 먹을 쌀도 없는데 거지를 주면 어떻게 하나?' 하는 생각이 드는 것이 아니라 오히려 '아, 이게 바로 나누는 거구나!' 하는 기쁨을 더 절실하게 느꼈습니다.

가장 좋은 교육은 이론이나 말로 가르치는 것보다 실천하게 하는 것입니다. 그래서 저희 아름다운재단에서는 나눔 캠프를 열기도 하고 나눔 교사연구회를 운영하고 선행 기입장 쓰기 운동도 벌입니다. 이 모든 게 나눔을 실천하고, 나눔의 행위를 계속 지속시킬 수 있는 습관을 들이기 위한 것입니다. 청소년들이 나눔을 통해 맛보는 정신적 기쁨은 두고두고 남게 됩니다."

박원순 상임이사는 인권 변호사로 민변의 창립 멤버이고도 했고, 참여연대에도 시작부터 중책을 맡아 일했습니다. 그러다가 아름다운재단을 설립, 나눔 1퍼센트 운동으로 기부 문화를 확산시키는 데 공헌했습니다. 그리고 아름다운가게를 통해 사회적 기업의 성공 모델을 만들었습니다. 이제는 21세기 실학운동을 자청하며 시민 참여

중심의 싱크탱크인 희망제작소도 운영하고 있습니다. 이러한 변신을 시도할 때마다 지키는 어떤 원칙 같은 것이 있는지 물었습니다.

"사람이 좋은 생각을 가지고 좋은 일을 계속 하다 보면 좋은 사람들을 만나게 마련입니다. 제가 번번이 인생의 큰 결단을 했다기보다는 일 속에서 만난 사람들과 자연스럽게 함께 걸어왔던 과정이라고 봅니다. 혼자서 결정해 지금과 같은 성과를 이룬다는 것은 가능하지 않습니다. 사람들과 함께하는 과정에서 행복한 경험도 하며 성과도 얻는 것입니다.

중요한 건 어려움에 닥쳤을 때입니다. 그럴 때마다 서로를 다독이며 함께 갈 수 있었던 것은 젊은 시절의 고생들이 큰 밑천이 된 것 같습니다. 시골에서 힘들게 서울로 올라와 국내 최고라는 대학에 입학했습니다. 그런데 얼마 지나지 않아 감옥에 갔다 오고 대학을 그만두어야 했습니다. 돈이 없어 독서실을 전전하고 단팥빵 하나로 하루를 견디기도 했습니다. 정말이지 발 뻗고 제대로 잠을 잔 적이 없었습니다. 그런데 20대 초반에 겪었던 이때의 끔찍했던 고생이 어려운 상황을 견디는 데 큰 도움이 된 것 같습니다.

우리 속담에 '젊어 고생은 사서라도 하라'는 말이 있습니다. 이 말은 전적으로 맞습니다. 아무리 어려움에 처해 있다 하더라도 결코 좌절하거나 낙담하지 마세요. 온실에서만 큰 아이들보다 훨씬 더 큰 꿈을 이룰 수 있을 것입니다. 세상은 온실이 아니라 야생이기 때문입니다."

학교에서 벌어지는 경쟁 때문에 우리 청소년들이 점점 더 각박 해지고 감정들도 메마르는 것 같습니다. 나눔은 물질의 여유가 아니라 마음의 여유인데, 제 것만 챙기는 치열한 성적 경쟁 속에서 더욱 메말라 가는 것이죠. 그는 교육과 청소년에 대해서 어떻게 생각 하는지 알고 싶었습니다.

"요즘 청소년들은 훨씬 더 충족되어 있습니다. 그래서 오히려 더 결핍이 크다는 역설도 성립됩니다. 옛날에는 물질적으로는 결핍했지만 정신적인 풍요가 있었습니다. 위대한 자연의 품에서 해와 달에서부터 세상의 작은 벌레까지 관심을 뻗칠 수 있었습니다. 가난했지만 마을의 공동체에서 가족과 이웃에 대한 관계는 풍요로

왔습니다.

요새는 자동차도 넘치고 음식도 안 먹고 버릴 만큼 넉넉하지만 오히려 여유를 가지지 못합니다. 청소년들은 공부하느라 바쁘다고 합니다. 공부를 그렇게 단숨에 다 끝내려니 조급하고 바쁠 수밖에 없지요. 평생 공부라는 말이 있습니다. 공부에 끝이 어디 있나요. 너무 초조하게 경쟁하지 마세요. 인생은 긴 마라톤과 같습니다. 100미터 달리기 하듯 그렇게 허겁지겁 뛰다가는 금방 주저앉고 맙니다. 나는 소위 명문 학교를 나왔지만 성공한 동기들이 실패에 맞닥뜨리면 훨씬 더 빠른 속도로 좌절하는 것을 수없이 봐 왔습니다. 너무 빨리 달려가려고 했기 때문에 추락에도 가속도가 붙은 것입니다.

인생은 학교에서 요구하는 공부의 수준에 따라 결정되는 게 아닙니다. 사람은 다들 가진 재능들이 다르고 또 다양합니다. 인생은 무지갯빛 색깔 같은 것입니다. 얼마나 다양한 직업과 기회와 길이 있는데 꼭 한 길만 있는 것처럼 좁은 통로에서 악다구니를 쓰고 있습니까.

오히려 모든 사람들이 다 가는 길은 레드오션이나 마찬가지예요. 치열한 경쟁이 있는 곳이어서 오히려 거기서는 실패할 가능성이 많습니다. 아무도 안 가는 길로 혼자 가면, 가서 금만 그으면 내 것이 될 수도 있습니다. 아름다운가게도 마찬가지였죠. 아무도 안 하니까 제가 한 것입니다. 아마도 이 분야에 대기업이 들어왔다면 저도 당해 낼 재간이 없었을 것입니다. 세상에는 블루오션이 너무도 많습니다. 경쟁을 피하지 말고 경쟁을 넘어서세요. 누가 헌 물건에 관심이나 가졌습니까. 더 풍부한 시각으로 보니 그것이 가진 가치의 진면목을 볼 수 있었던 것입니다."

마지막으로 다양한 상황에 처해 있는 청소년들에게 전하고 싶은 메시지를 부탁드렸습니다.

"꿈을 가지세요. 무지개를 꿈꾸지 말고 무지개 너머를 꿈꾸세요. 돈을 많이 벌고, 큰 명예를 얻고, 높은 직위에 오르는 것은 단지 무지개처럼 나타났다 사라졌다 하는 것들입니다. 그 자체로는 큰 의미를 가지는 게 아닙니다. 그걸 넘어서는 새로운 가치까지 도달하려는 꿈을 꾸어야 합니다. 무지개가 뜨고 지는 그 너머에 나눔으로 행복한 세상 말입니다.

늘 사람들과 함께 사는 법을 배우세요. 나에게 맞는 친구와 사귀는 것이 아니라 함께 힘을 합치고 노력할 수 있는 친구를 만드세요. 변호사를 그만두고 나는 이전과는 달리 많은 사람들과 함께 일을 하게 되었습니다. 더 많은 사람들과 일을 하니 더 큰 일이 이루어지는 경험을 많이 했습니다. 구성원을 결속시키고 협동을 이끌어 내는 사람이 바로 리더입니다. 자기를 비우고 버리고 양보할 때 진정한 리더가 되는 것입니다."

작은 것에서 가치를 찾다

나이지리아에 내려오는 전설이 있습니다. 불과 30년밖에 되지 않은 어느 날 홀연히 나타난 황색 피부를 가진 한 영웅에 대한 이야기입니다. 이 나라는 그때만 해도 세상에 많이 알려지기 전이라 아는 사람이 드물었습니다.

　그가 막 나이지리아에 도착했을 때는 굶어 죽는 사람이 많았습니다. 주식이나 다름없는 옥수수가 모두 시들어 버린 탓입니다. 가뭄 때문만은 아니었습니다. '악마의 풀'이라 불리는 스트라이가라는 독초의 위력이 워낙 강력한 탓이었습니다.

　보라색 꽃을 피우는 이 독초가 창궐하면 그 일대의 옥수수 밭은 한 해 농사를 망치고 말았습니다. 많은 학자들이 스트라이가를 뿌리 뽑기 위해 덤벼들었지만 누구도 성과를 거두지 못했습니다. 독초를 완전히 제거할 수 있는 제초제의 발명은 불가능하다는 결론만 내놓았습니다. 벌써 100년 동안 되풀이된 결과였습니다.

선진국의 기술을 가진 학자들도 모두 두 손 들고 말았는데, 한국에서 왔다는 낯선 학자라면 더 볼 것도 없었습니다. 아무도 김순권이라는 육종학자에게 기대를 걸지 않았습니다.

그가 독초로 뒤덮인 옥수수 밭을 헤집고 다니든, 뙤약볕에서 하루 종일 옥수수와 씨름을 하고 있든 신경 쓰지 않았습니다. 심지어 아무 짝에도 쓸모없는 독초를 밭에다 기르는 걸 보고는 경계하기도 하였습니다.

아프리카 사람들은 모르고 있었지만 이미 그는 옥수수박사였습니다. 한국에서 옥수수에 관한 한 최고라고 정평이 나 있던 전문가였습니다. 물론 세계적으로도 이미 유명한 육종학자였습니다. 그 어떤 이름보다도 옥수수박사로 더 많이 불렸던 그는 한국 토양에 잘 맞는 옥수수 '수원 19호', '수원 20호' 등을 개발해 생산량을 비약적으로 늘렸습니다. 모두 교잡종 옥수수였습니다.

해마다 종자를 생산하지 않으면 안 되는 교잡종 옥수수는 농업 기술력의 상징입니다. 까다롭고 수준 높은 기술력 없이는 생산할 수 없었습니다. 그때만 해도 농업 후진국이었던 한국에서 교잡종 옥수수 재배에 성공하자 세계가 깜짝 놀랐습니다. 아시아에서는 일본만이 유일하게 교잡종 옥수수 기술을 가지고 있었으니까요. 이것만 보아도 얼마나 고도의 기술력을 요구하는지 알 수 있습니다.

그의 성공은 동남아시아에서는 불가능하다고 판정된 교잡종 옥수수 개발에 불을 댕겼습니다. 태국, 필리핀, 인도네시아 등 많은 나라에서 성공 비법을 배우기 위해 그를 찾아왔습니다.

이러한 업적이 알려지면서 나이지리아의 국제열대농업연구소에서도 그에게 도움을 청했던 것입니다. 나이지리아를 비롯해 아프리카 중서부 지역의 옥수수가 전멸 상태에 있었으니까요.

물론 큰 기대를 할 수는 없었습니다. 이미 많은 학자들이 실패의 고배만 마시고 말았으니까요. 그들은 하나같이 스트라이가를 제거하는 것은 불가능하다고 보았습니다.

그러나 그는 생각이 달랐습니다. 스트라이가를 제초제로 제거하는 것이 아니라 함께 공생이 가능한 쪽으로 연구 방향을 정했습니다. 놀라운 발상의 전환이었지만 그만큼 위험하고 오랜 시간이 걸리는 연구였습니다. 독초 스트라이가를 오히려 옥수수의 항생제가 되도록 만들겠다는 것이었습니다. 그가 스트라이가를 키우려고 밭을 조성했던 이유도 여기에 있었습니다. 이 독초를 더 잘 알아야 했습니다.

시간은 그렇게 10년이 흘러갔습니다. 그 사이에 독초 스트라이가는 여전히 싱싱한 밭을 쑥대밭으로 만들었고, 다른 병충까지 가세했습니다. 그렇지만 푸른 옥수수 밭 역시 조금씩 늘어났습니다. 그리고 놀라운 광경이 펼쳐졌습니다. 스트라이가 꽃이 피어 있는데도 옥수수가 버젓이 살아남기 시작했습니다.

오히려 스트라이가가 번지는 속도보다 푸른 옥수수 밭이 형성되는 속도가 더 빨랐습니다. 초기의 생장 속도는 조금 느렸지만 어느 순간부터는 스트라이가에 대한 저항력이 생겨 더욱 크고 많은 알갱이가 열리는 옥수수로 자랐습니다. 이전에는 아프리카 어디서도 볼 수 없었던 완전히 새로운 종의 옥수수가 탄생한 것입니다.

이 기적 같은 옥수수가 바로 아무도 관심을 가져 주지 않았던 한국의 김순권 박사가 개발한 품종들이었습니다.

아프리카 말로 왕을 의미하는 '오바'를 붙인 '오바 슈퍼 1호', '오바 슈퍼 2호'는 스트라이가를 견디며 결국 더 강한 옥수수가 되었고, 옥수수의 크기도 이전과는 비교가 되지 않을 정도였습니다. 이 품종이 성공적으로 재배되자 나이지리아는 더 이상 옥수수를 수입할 필요가 없어졌습니다. 전에는 자국 생산량의 절반 가까이 수

입을 해 왔으나 이제는 옥수수가 남아돌아 수출하고 있습니다.

10년 전에 누구의 관심도 받지 못한 채 아프리카에 도착했던 그는 이제 옥수수박사 이상의 존경을 받았습니다. 아프리카의 지도자들조차 그를 '아프리카 옥수수의 아버지'라고 칭송했습니다. 나이지리아 사람들은 그를 '마이에군' 혹은 '자군몰루'라고 불렀습니다. 가난한 사람들을 배불리 먹이는 사람, 위대한 일을 이룬 사람이라는 뜻인데, 역사에 큰 업적을 남긴 사람에게만 주어지는 명예로운 칭호였습니다.

그는 외국인으로는 최초로 두 번이나 명예추장으로 선출되기도 했습니다. 명예직이긴 하지만 외국인이 추장으로 뽑히는 일은 지극히 이례적이었습니다. 그가 두 번씩이나 명예추장이 된 것만 보아도 아프리카 사람들이 그를 어떻게 예우하고 존경하는지 잘 알 수 있습니다.

그가 개발한 '오바 슈퍼 1호' 옥수수는 나이지리아의 동전에도 새겨져 있습니다. 옥수수의 생산이 아프리카에서 얼마나 절실했는지를 보여 주는 증거입니다.

이렇게 그는 나이지리아의 전설이 되었습니다.

아프리카 식량 문제를 해결하기 위해 교잡종 옥수수 개발에 헌신한 공로로 노벨평화상, 생리의학상에 모두 다섯 번이나 추천을 받기도 했습니다. 그를 추천한 사람들은 모두 국내 학자가 아닌 외국 학자였습니다.

그동안 그가 받은 상은 헤아리기가 어려울 정도입니다. 국제적인 상만 해도 농업 분야의 노벨상이라고 할 수 있는 국제농업연구대상을 비롯해 미국농학회상, 미국작물학회상, 아프리카국가연합 연구상, 영국 IBC 국제명예훈장, 국제작물분야 봉사상, 동서문화센터상 등이 있습니다.

1995년 김순권 박사는 아프리카에서 17년 동안의 연구를 마감하고 귀국했으며 지금은 국제옥수수재단과 국제농업연구소를 이끌고 있습니다. 그는 지금도 10만 평방미터가 넘는 옥수수 시험장을 누빕니다. 국내에서도 그는 세계 26개국의 옥수수 산업을 지원하고 있습니다. 그의 꿈은 옥수수 밭에서 죽을 때까지 연구를 계속하는 것입니다.

지금까지 우리는 옥수수에 얽힌 전설 같은 이야기를 들었습니다. 물론 이 이야기는 여전히 진행형입니다.

아직도 세계는 절반의 사람들이 굶주리고 있고, 구호 물품이 없으면 당장 굶어 죽게 될 사람만 수억 명에 이릅니다. 김순권 박사는 기아에 허덕이는 그들에게 옥수수는 긴급 구호 식량 이상의 가치가 있다고 생각하고 있습니다.

그런데 옥수수가 그렇게 중요한 작물인가요? 옥수수가 그런 일을 할 수 있나요? 우리는 옥수수에 대해 실은 아는 게 별로 없습니다. 지금 우리가 먹는 옥수수의 크기도 그러니까 김순권 박사가 신품종을 개발하기 전보다 두 배나 커졌다는 걸 알지 못했을 것입니다.

그리고 우리는 전 세계에서 옥수수 소비가 두 번째로 많은 나라입니다. 그런데도 자급률이 1퍼센트에도 못 미쳐 거의 전량을 수입에 의존하고 있습니다. 그중 75퍼센트는 아직 과학적으로 안전성이 검증되지 않은 유전자조작식품(GMO)입니다.

그래서 환경시민단체들이 GMO 옥수수를 수입하는 정부에 반대하며 싸우기도 했습니다. 정부가 외국에서 수입하는 식품에 대한 검역 기능을 약화시키면 그건 재앙이 될 수도 있습니다. 검역 수준이 안전성을 담보하지 못하면 국민들이 스스로 정부를 상대로 촛불 집회를 열기도 합니다.

김순권 박사의 교잡종 옥수수에 대한 기대가 날로
커지고 있습니다. 그의 교잡종 옥수수는 자연 상
태에서 암수를 교배하여 좋은 종자를 얻는 품
종 개량의 산물입니다. GMO와는 전혀 다
르며, 앞으로 GMO를 극복할 수 있는 대안
옥수수이기도 합니다.

쌀을 주식으로 하고 있다 보니 우리로서는 이 작물의 가치를 제
대로 모르고 있습니다. 옥수수는 쌀, 밀과 함께 세계인의 주식이 되
는 3대 농작물입니다. 이 노란 알갱이들의 생산량만 충분히 확보되
어도 세계 식량 문제를 어느 정도 해소할 수 있다고 합니다.

물론 이번 강의에서 옥수수 그 자체에 대한 이야기를 다루려는
것은 아닙니다. 단지 우리 눈에 비친 옥수수의 가치에 대해 생각해
보려고 합니다.

한때는 옥수수만으로 끼니를 때우던 시절도 있었지만 이제는 주
식이 아닙니다. 간식으로만 먹게 되었다고 해서 옥수수에 담겨진
가치를 잃어버린 것은 아닙니다. 여전히 옥수수에는 가치의 전이를
이루는 놀라운 힘이 숨어 있으니까요.

옥수수는 무엇보다 흔하다는 것, 고급스런 음식이 아니라는 것, 어느 나라에서는 사료로만 쓴다는 것 등 평범한 가치들을 가지고 있습니다.

이런 평범한 가치들이 어느 곳에서는 기아를 구제하는 귀중한 식량이 되고, 인간의 존엄성을 회복시켜 줍니다. 옥수수는 수많은 사람들을 정상의 삶으로 복귀시키는 힘이 있습니다. 동시에 유전자 조작 식품의 대명사로, 위험하고 두려운 미래가 담겨 있기도 합니다.

김순권 박사는 우리 역시 해외 원조를 받았던 경험을 떠올렸습니다. 아프리카행을 결심한 것도 받은 빚을 돌려준다는 생각에서였습니다. 옥수수가 빚을 갚는 가치로 전환한 것입니다. 그리고 옥수수는 평화의 가치로도 전환될 수 있습니다. 이 흔하디흔한 옥수수와 평화는 도대체 어떤 관계가 있는 걸까요?

우리는 김순권 박사의 삶이 어떤 가치를 추구해 왔는지 따라가게 될 것입니다. 그의 삶과 옥수수는 꼭 닮아 있습니다. 그는 옥수수를 통해 진정한 삶을 보았고, 확고한 미래를 추구했습니다. 옥수수와 같은 가치가 그의 삶에 숨어 있습니다.

그가 처음 옥수수 연구에 뛰어들 때만 해도 스스로도 예상하지 못했습니다. 세계적인 과학자이자 아프리카의 식량 영웅이자 자랑스러운 한국인인 김순권 박사가 그 옥수수 씨앗에 숨어 있을 줄은 말입니다. 그렇게 흔한 옥수수 안에 말입니다. 처음에 그것은 철저하게 마이너스 가치에 해당되었습니다.

마이너스 가치의 비밀

가치(價值)의 사전적인 의미는 '사물이 지니고 있는 쓸모'입니다. 철학에서는 어떤 대상이 인간에게 얼마나 중요한 영향을 미치는가, 혹은 어떤 목적을 가지고 추구할 만한 대상인가를 논할 때 가치라는 단어를 사용합니다. 즉 쓸모가 없는 것, 그다지 중요하지 않은 것, 추구할 만한 대상이 못 되는 것에는 가치라는 단어를 쓰지 않습니다. 굳이 사용할 때는 반어적으로 '가치가 없다.'라고 표현하는 정도입니다.

인간관계에서 자신의 가치를 매기는 일은 아주 흔하게 이루어지고 있습니다. 특별한 능력을 전제로 모인 사람들 사이에서는 더욱 그렇습니다. 스포츠 팀도 그중 하나일 것입니다. 팀플레이에서 떨어지는 선수는 더 이상 멤버로 행세하기가 어려워집니다. 그러다 보니 각별히 나의 가치에 신경을 쓰게 마련입니다.

학교에서도 가치의 기준은 선명합니다. 성적이나 외모, 경제적인 풍족함은 선호도가 높은 가치로 여겨집니다. 되도록 가치 있는 친구들 사이에 있고 싶어 하고, 그다지 가치 있다고 봐 주지 않는 일에는 참여하지 않으려 합니다.

이것들은 모두 세속적인 가치입니다. 주로 물신성의 성질을 가지고 있어 고정된 것이 아니라 수시로 변하게 마련입니다. 이렇게 가치가 널뛰기를 하면서 생기는 일은 참혹합니다. 가치의 추락은 곧 소외나 절망 혹은 더 끔찍한 상황으로 이어지고는 합니다.

따지고 보면 나는 그다지 변한 것이 없지만 주변의 평가가 수시로 달라지면서 혼돈을 겪기도 합니다. 나의 가치가 남의 시각에 의해 아무렇게나 재단되는 상황에 놀랄 때도 있습니다. 마치 나 자신이 가치라는 것의 도구가 되어 이리저리 끌려다니는 것만 같습니다. 나의 재능이 가치가 되는 게 아니라 내가 들어가야 할 학교가 나의 가치가 되어 버리는 것도 대표적인 경우입니다.

이처럼 매몰되면 매몰될수록 비참해지는 속된 가치에 우리는 많은 시간과 열정을 쏟아붓고 있는지도 모릅니다.

이번 강의에서는 '가치 없음의 가치'에 대해 생각해 보려고 합니다. 이를 마이너스 가치라고 하겠습니다. 평범하다고 여겨지는 것, 수준 미달이라고 여겨지는 것, 그다지 쓸모가 없다고 하는 것, 우리가 가치 있다고 인정하지 않는 것들의 가치입니다.

옥수수 한 알을 떠올려 보세요. 이 한 알의 옥수수에 숨어 있는 마이너스 가치의 비밀을 찾아 김순권 박사의 삶을 들여다보게 될 것입니다. 먼저 그의 초반 인생은 마이너스 가치들로만 채워져 있었습니다. 그에겐 불합격이 연속되던 시기였습니다.

평범한 머리로는 안 된다는 말의 가치

우리는 합격, 불합격이라는 단어를 초등학생 때부터 듣습니다. 어린이들조차 무엇엔가 혹은 어디엔가 적합하지 않다는 평가를 받는다니, 아이들이 처음 부닥치는 현실부터 녹록치 않다는 뜻입니다. 어쩐 일인지 교육 환경은 갑작스레 획일적이고 강요적인 양상을 띠게 되었습니다. 다양성이 희석되고 모두 같은 기준, 같은 잣대로만 측정하려고 합니다. 다양한 재능의 소유자들인 우리가 학교에서 받는 무게도 견디기 힘들어집니다. 교육을 구상하는 사람들에겐 그런 건 아무래도 좋다고 생각되는 모양입니다.

예나 지금이나 합격, 불합격의 긴장이 최고조로 오르는 시기는 대학 입학기입니다. 대학 입시의 당락이 앞으로의 삶을 좌지우지한다고 믿다 보니 경쟁이 보통 치열하지 않습니다.

학교에서도 대학의 중요성을 많이 강조합니다. 좋은 대학은 곧 좋은 인생이 될 것처럼 말하기도 합니다. 그렇다면 김순권 박사는 그야말로 인생의 나락으로 떨어졌어야 하는 사람입니다. 그는 고등학교 입학시험부터 떨어지기 시작했으니까요.

열다섯 살에 경험한 첫 불합격이었습니다. 시험에 떨어진 것도 속상한데 그는 다음 해 다시 시험을 보기 전까지 아버지의 농사일을 거들어야 했습니다. 머리가 썩 좋은 편이 아니니 공부에만 매달려도 모자랄 판에 어른도 힘들어하는 고된 일을 하게 된 것입니다.

새벽 5시에 일어나 거름을 져 나르고, 아침을 먹고는 하루 종일 논밭에서 쟁기질을 했습니다. 처음 해 보는 농사일이라 서툴고 힘에도 부쳤습니다.

살던 마을이 어항과 가까이 있어 아버지는 농부이자 어부였습니다. 소년 김순권은 아버지를 따라 멸치잡이 배도 탔습니다. 하루 종일 뱃전에서 일하고 돌아오면 밤새 몸이 바다에 둥둥 떠 있는 것처럼 고달팠습니다.

어린 나이였지만 농사일을 하면서 흙 위에서 흘린 땀의 소중한 가치를 깨달았습니다. 농부의 삶도 더 잘 이해하게 되었습니다. 그때는 아무 생각 없이 남용되는 농약에 중독되어 죽음에 이르는 농부들이 많았습니다. 이때의 경험은 그가 육종학자의 길을 걷게 되면서 마련한 세 가지 원칙에 고스란히 녹아 있습니다.

1. 내가 연구하는 것은 농민들에게 실제적인 도움이 되는 것이어야 한다.
2. 농약을 쓰지 않아야 한다.
3. 밭으로 나가 농민들과 함께 연구해야 한다.

이 원칙들은 그를 누구보다 뛰어난 과학자로 만든 초석이 되었습니다. 고등학교를 졸업할 즈음 그는 아버지가 병석에 눕게 되자 집안 살림을 거들겠다며 농협 입사 시험을 치렀습니다. 그러나 불합격 통지를 받고 취직을 포기할 수밖에 없었죠.

또한 장학금을 받으면서 대학에 다닐 요량이었지만 대구의 한 농과대학에 합격은 했어도 장학금을 받을 수는 없었습니다. 입학조차 포기할 상황이었으나 어머니가 그나마 남은 전답을 팔아 입학금을 마련해 주었습니다.

그가 들어간 농과대학은 농업고등학교를 나온 학생들도 들어가려고 하지 않았습니다. 산업화가 가속되면서 농업 정책은 점점 축소되고 있는 마당이었기 때문입니다. 소위 비전이 없다고 여겼던 것입니다. 그때 이미 농학자의 길을 결심한 김순권 박사는 다들 가치 없다고 여긴 학교에서 비전을 찾고자 했습니다.

누구보다 농학자의 꿈이 컸던 만큼 김순권 박사는 공부에 매진할 수 있었습니다. 마침내 우수한 성적으로 학교를 마치고 서울대학교 농과 대학원에 지원했습니다. 합격을 자신했지만 다시 불합격 통지를 받았습니다. 지원할 때 만났던 교수를 찾아 항의했지만 시골 출신이 고급 학문을 배워 봐야 소용없다는 말만 들었습니다.

그는 대학원을 포기하고 생계를 위해 당시엔 농과대학 학생들도 꺼리던 농촌진흥청에 입사했습니다. 월급도 적고 일은 고된 직장이었습니다. 농촌진흥청에서도 주요 작물에는 자리가 없어 아무도 관심을 두지 않던 옥수수과에서 처음 일을 시작하게 되었습니다. 옥수수와의 인연은 이렇게 시작된 것입니다. 고등학교 입학시험에서 불합격, 첫 입사 시험에서도 불합격, 대학원에서도 불합격, 취업한 회사에서도 가장 인기가 없는 곳, 옥수수를 만나기 위해 그는 그야말로 내려오는 삶을 살았다고 해도 과언이 아닙니다.

이렇게 만난 옥수수에서 그는 미래의 꿈을 심었습니다. 가장 낮은 곳에서 한 길을 파기 시작하자 새로운 삶이 시작되었습니다. 머리가 뛰어난 편은 아니었지만 열심히 일하는 데는 누구보다 잘할 자신이 있었던 그에게 기회가 찾아왔습니다. 미국 정부가 학비와 생활비를 모두 대 주는 조건의 유학생에 선발된 것입니다.

그동안의 불합격을 보상이라도 하듯 이때부터 그의 삶은 옥수수와 함께 새로운 국면으로 접어들게 됩니다. 그는 유학을 떠난 대학에서 좋은 스승을 만나게 되었고, 세계 최고의 교육 환경을 접하게 되었습니다. 시골 출신에다 농업 후진국에서 건너온 학생이었지만 자신의 기량을 마음껏 펼칠 수 있었습니다. 세계적인 육종학자로서의 기틀이 이때 다져졌습니다.

몇 차례의 불합격은 결코 그의 인생을 불합격자로 만들지 못했습니다. 아무도 눈여겨보지 않는 곳에 엄청난 가치가 숨어 있습니다. 삶은 합격, 불합격의 가치가 아니라 나의 길인가 아닌가로 판명나게 됩니다.

샛길이라도 혹은 험한 산길이라도, 새 나가지 않고 한 길을 가다 보면 언젠가는 대로와 만나게 됩니다. 꼬불꼬불 정신없이 구부러진 길이더라도, 울퉁불퉁한 길이더라도 한 길로만 꾸준히 가다 보면 결국 가장 큰 길에 들어서게 됩니다. 그때는 이미 남들은 가지 않았기에 발견할 수 없었던 가치들을 모두 얻은 뒤일 가능성이 큽니다.

가능성이 제로라는 말의 가치

가능성이 제로라는 말은 정말 의미심장한 표현입니다. 가능성에 단 1퍼센트도 부여하지 않는다니 말입니다. 그건 단 한 번의 성공도 이루어지지 않았다는 증거이기도 합니다. 100퍼센트 실패로 끝난 일, 그래서 더 이상 도전하는 것이 무의미한 일, 여기에 김순권 박사가 뛰어들었습니다.

하와이 대학 유학 시절 이미 그는 뛰어난 학생으로 인정받았습니다. 박사 과정을 모두 마쳤을 때는 미국 유수의 종자회사들로부터 스카우트 제의를 받았습니다. 그가 어디에서 일하든 한국에서 근무할 때 받는 연봉의 수십 배를 받을 수 있었습니다. 그러나 그는 굳이 한국행을 고집했습니다. 자신의 지식과 기술이 한국 땅에서 성과를 거두길 원했기 때문입니다. 그가 열다섯 살 때 꿈꾸었던 세 가지를 실천하기 위해서였습니다.

국내 여건은 여전히 열악하기 그지없었습니다. 아직 후진 농법에서 벗어나지 못했던 옥수수 재배에 뛰어든다고 하자 좋게 보는 사람이 없었습니다. 그가 시도하려는 교잡종 재배법이 실정에 맞지 않는다는 이유였습니다. 교잡종 기술은 선진국처럼 높은 기술 수준과 대대적인 지원 없이는 불가능하다고 보는 견해가 지배적이었습니다.

심지어는 쓸데없는 것을 배워 와 폼을 잡는다며 아니꼽게 보는 사람들도 있었습니다. 아시아에서는 일본만이 유일하게 교잡종 재배가 가능했는데 그것은 일본의 농업 수준이 선진국 대열에 있었기 때문이라고 보았습니다. 그의 연구는 우군 하나 없이 방관자들에게 둘러싸인 채로 시작되었고, 더러는 방해도 받으면서 이루어졌습니다. 2년간 꼬박 시험 재배장에서 지내며 그는 결국 한국 풍토에 맞는 교잡종 옥수수 종자를 개발해 냈습니다.

시범 재배에서 생산한 옥수수는 수확량이 두 배가 넘는 슈퍼 옥수수였습니다. 우리나라 최초의 교잡종 옥수수 '수원 19호'가 탄생하는 순간이었습니다. 농민들도 회의적인 반응을 보이다가 엄청난 생산량을 확인하고는 그때부터 그를 옥수수박사라고 부르기 시작했습니다.

수원 19호의 탄생은 아시아에서도 교잡종 옥수수 생산이 가능하다는 사례를 보여 준 것이었습니다. 그동안 동남아시아 여러 나라에서도 시도했던 일이었지만 실패로 끝났던 교잡종 옥수수. 김순권 박사의 성취는 곧 동남아 전역에 교잡종 옥수수 재배 연구를 다시 시작하게 만들었습니다.

앞서 언급한 아프리카의 독초 스트라이가와의 전쟁도 마찬가지였습니다. 스트라이가는 워낙 독성이 강해 강력한 제초제를 사용해야 했습니다. 이러한 제초제 사용은 높은 비용이 들 뿐만 아니라 환경도 심각하게 오염시킨다는 부작용이 있었습니다. 무려 100년 동안이나 이 독초를 잡기 위해 많은 연구소와 학자들이 심혈을 기울였지만 모두 실패하고 말았습니다. 그야말로 가능성 제로였습니다.

어느새 옥수수 교잡종 기술의 세계적인 권위자가 된 김순권 박사는 생각이 달랐습니다. 스트라이가를 박멸하려고 하면 할수록 오히려 점점 더 내성이 생겨 독성만 강해질 뿐이라고 생각했습니다. 그는 공생의 방법을 선택했습니다. 스트라이가가 자라는 것을 받아들이되 스트라이가에 견디는 옥수수 품종을 개발하는 것이었습니다.

그는 이미 이러한 방식으로 위축바이러스나 매문병 등 풍토병에 견디어 내는 옥수수 품종을 개발한 경험이 있었습니다. 이번 작업은 훨씬 어려운 일이었지만 그는 도전하기로 하였습니다.

그로부터 10년이 지났을 때 아프리카 곳곳에서 믿을 수 없는 광경이 펼쳐졌습니다. 스트라이가와 옥수수가 함께 자란 것입니다. 처음에는 불안하기 짝이 없었습니다. 보라색 꽃이 보이기 시작하면 반대로 옥수수는 노랗게 말라 버렸기 때문입니다. 그러나 이내 보라색 꽃보다 훨씬 더 많은 푸른 옥수수들이 밭을 뒤덮었습니다. 스트라이가와의 전쟁은 이렇게 자연에 순응하며 막을 내렸습니다. 물론 최종 승자는 김순권 박사였습니다.

미지의 세계에 도전하는 일은 가능성의 확률을 따질 필요가 없습니다. 아직 실패한 사람들도 없으니 성공 가능성도 훨씬 높아 보입니다.

그러나 무수히 많은 사람들이 도전한 일에는 확률이 형성됩니다. 단 한 번도 성공시키지 못한 일에는 제로라는 수치로 더 이상 도전할 가치가 없는 것으로 판정을 받습니다.

그렇다고 여기에 아무도 더 이상 도전하지 않았다면 인류의 문명은 훨씬 더디게 발전했을 것입니다. 어쩌면 일찍이 인류의 생존조차 위협받았을지도 모릅니다. 김순권 박사가 그랬듯 이 가능성 제로의 지역에서 이루어 내는 성공이야말로 더욱 값진 것입니다.

불필요한 일처럼 보이는 것의 가치

"한국 유학생 김순권은 옥수수를 위해 태어난 사람입니다. 그가 더 공부할 수 있도록, 미국 정부가 주는 장학금을 박사 학위를 딸

때까지 2년간 더 지원하기로 결정했습니다. 그리고 그가 브루베이커 교수에게서 배울 수 있도록 지원을 부탁드립니다."

일리노이 대학에서 현장 교육을 받으며 보여 준 그의 열의와 부지런함에 감탄한 교수들이 하와이 대학 총장에게 보낸 편지입니다.

실습을 마치고 다시 하와이 대학으로 돌아온 그는 박사 학위를 받기 위해 당시 세계적인 유전육종학자였던 브루베이커 교수를 만나게 됩니다. 그때의 만남을 시작으로 두 사람은 스승과 제자이자 공동 연구자로 오랜 인연을 이어 가고 있습니다. 김순권 교수에게 그는 영원히 정신적인 스승으로 남게 됩니다. 그는 브루베이커 교수를 만나지 못했더라면 옥수수박사 김순권도 없었을 거라고 단언합니다.

이미 50대에 이른 브루베이커 교수는 갓 유학 온 이국의 청년에게 뜻밖의 모습으로 비쳤습니다. 강의를 제외한 대부분의 시간을 농장에서 맨발인 채로 동분서주하고 있는 그를 발견하게 된 것입니다. 일꾼들과 섞여 있으면 누가 세계 최고의 학자인지 구분할 수 없었습니다. 그는 누구보다 먼저 농장에 나와 누구보다 늦게 연구를 마쳤습니다.

김순권 박사는 그에게서 연구자의 참된 상을 발견하게 됩니다. 학자가 있어야 할 곳은 결코 고급 책상이나 화려한 파티 장소가 아니라는 걸 깨달은 것입니다. 김순권 박사가 철저하게 현장주의자가 된 것은 그에게 받은 영향이 크다고 할 수 있습니다.

노벨화학상을 수상한 퀴리 부부도 철저한 현장주의 과학자들이 었습니다. 그들이 연구를 할 당시도 대학 교수가 되려면 사교적인 모임에 적극적으로 참여해야 했습니다. 연구 활동과는 아무런 상관이 없었지만 사교 파티에서 과학원 회원들에게 자주 눈도장을 찍지 않으면 임용될 수 없었습니다.

퀴리 부부는 허름한 가건물 안에서 연구에만 몰두하느라 그럴 새가 없었죠. 그 바람에 누구보다 능력을 인정받았던 남편 퀴리도 교수 임용에 탈락하고 맙니다. 안정된 기반을 얻지 못한 채 어렵게 생계를 꾸려 갔지만, 결국 그들은 노벨상이라는 가장 큰 영광을 얻었습니다.

김순권 박사도 대부분의 시간을 농장에서 보냈습니다. 옥수수가 있는 곳이 바로 연구실이었으니까요. 그것만이 아니었습니다. 그가 개발한 종자를 농민들이 심을 수 있도록 설득하는 일에도 직접 나섰습니다.

처음 보는 옥수수 종자를 냉대하는 농민들을 만날 때 어떤 연구원들은 과학자가 그런 일까지 해야 하냐며 불평을 늘어놓기도 했습니다. 그러나 그의 생각은 달랐습니다. 옥수수 연구는 먼저 농민을 위한 것이라는 사실을 가슴 깊이 새기고 있었던 것입니다.

아프리카에서도 그는 농민들을 직접 찾아다니며 재배법을 알려주려고 노력했습니다. 척박한 열사의 땅에서 쉬지 않고 일하느라 말라리아에 걸려 수차례 죽을 고비도 넘겨야 했습니다. 먼 지역까지 농민들을 만나러 가다가 교통사고로 목숨을 잃을 뻔하기도 했습니다. 이렇게 아프리카에서 17년 동안 돌아다닌 거리가 100만 킬로미터가 넘었습니다.

사람이 가장 아름다울 때는 시상식이나 멋진 파티에 등장할 때가 아닙니다. 과학자는 밤이 깊은 연구실에서 홀로 연구에 매진할 때가 가장 아름다운 법입니다. 연기자라면 남몰래 불 꺼진 무대에서 홀로 연습할 때입니다. 그들의 가치는 화려한 무대나 스크린이 아니라 보이지 않는 곳에서 흘리는 땀으로 발현되는 것입니다.

통일의 씨앗이 된 옥수수

우리는 앞에서 스치듯 질문을 하나 던져 두었습니다.

"옥수수와 평화는 무슨 관계가 있는 것일까요?"

마지막으로 이 질문에 대답해 보고자 합니다.

아프리카에서 오바 슈퍼 옥수수가 수많은 사람들을 먹여 살릴 수 있게 되자 그는 우리와 가까운 곳으로 눈을 돌렸습니다. 북녘의 동포들이야말로 그의 교잡종 기술이 절실하다는 걸 깨닫게 된 것입니다. 주민의 70퍼센트가 옥수수를 주식으로 하고 있었기 때문에 북한의 옥수수 생산량은 절대적으로 부족한 상태였습니다. 게다가 물난리로 흉작이 드는 바람에 북한의 식량난은 갈수록 심각해지고 있었습니다. 이미 세계 구호단체들이 북한의 기근 문제에 주목하고 있었습니다.

아프리카에서 돌아온 그는 북한 땅에 잘 맞는 교잡종 옥수수를 개발하는 데 전념했습니다. 마침내 슈퍼 옥수수 종자를 개발한 김순권 박사는 1998년 처음으로 북한 땅에 발을 디뎠습니다. 거기서 목격한 현실은 참담하기 이를 데 없었습니다. 옥수수 생산량이 형편없었던 것은 물난리 때문만이 아니었습니다. 옥수수 재배 농법이 여전히 낙후되어 있었던 것입니다.

그는 가지고 간 종자를 80여 개의 협동농장에 심도록 하고, 3,000종이 넘는 옥수수를 공동으로 연구했습니다. 이전의 잘못된 과밀식 농법도 수정하도록 교육을 시켰습니다. 한국전쟁 이후 처음으로 남과 북이 기술 협력에 합의한 역사적인 순간이었습니다.

그는 서른한 차례나 북한을 방문했고, 머문 날로도 250일이 넘을 만큼 북한 실정을 잘 알았습니다. 남한에서 온 과학자의 방문이 잦아질수록 옥수수에 대한 관심도 커졌습니다. 그해 증산량은 상상을 초월했습니다. 80개 협동농장에서 시범 재배하던 것이 1,000개 농장으로 확대되었습니다. 품종이 우수한 옥수수의 증산량은 무려 이전의 세 배가 넘었습니다. 단순한 식량 지원에 비해 32배의 효과가 있다고 할 정도입니다. 이로써 원조에 급급했던 북한이 자체 생산량으로 절대 기아 상태를 극복할 수 있는 절호의 기회를 맞이할 수 있었습니다.

역사적으로 그리고 현재에도 식량 걱정이 덜한 지역일수록 평화로운 상태가 오래 지속된다고 합니다. 옥수수가 평화와 통일의 씨 앗이 될 수 있다는 것을 그의 옥수수를 통해 잘 알 수 있습니다.

이런 사례는 또 있습니다.

미국의 과학자 노먼 볼록은 역사상 가장 많은 사람들의 목숨을 구했다고 합니다. 그는 20여 년간 연구에 몰두해 난쟁이 밀을 개발해 냈습니다. 그가 새로운 종의 밀을 개발하는 동안 세계는 인구가 급증하고 그에 따라 굶어 죽는 사람들도 크게 늘어났습니다. 이것은 세계의 불안을 조장하고 식량 전쟁을 예고할 정도였습니다.

그러나 이 밀의 개발로 세계의 밀 생산량이 비약적으로 늘었습니다. 기적의 밀로 불리며 세계적으로 재배되면서 무려 10억 명이 기아 상태를 벗어날 수 있었다고 합니다. 노먼 볼록은 이 공로를 인정받아 노벨 평화상을 수상했습니다.

김순권 역시 아프리카에서 넬슨 만델라에 비유되며, 만델라가 남아프리카 5,000만 인구에게 자유를 주었다면 그는 아프리카 5억 인구에게 생명을 주었다는 평가를 받고 있습니다. 그는 과학자이자 녹색 혁명가이지만 통일운동가로도 불립니다. 거기에는 교잡종 옥수수 기술의 특성이 한몫하고 있습니다.

교잡종 옥수수 기술은 매년 품종을 개발해야 하므로 북한과의 관계가 계속 이어질 수밖에 없습니다. 자주 스쳐야 얼굴이 익고 그러다 얼싸안을 수도 있는 법입니다. 연애 감정도 처음부터 사랑을 나누기보다는 같은 일을 하다 보니 정이 드는 경우가 많습니다. 낭만적으로 들릴지 모르지만 결국 통일은 단순히 경계의 소멸이 아니라 사람과 사람의 만남입니다. 김순권 박사는 무엇보다 정기적이고도 생산적인 접촉이 지속되는 것이 남한과 북한의 통일을 앞당길 수 있는 길이라고 믿고 있습니다.

지금까지 우리는 옥수수가 단순히 먹을거리에서 통일이라는 가치까지 놀라운 전이가 이루어지는 것을 보았습니다. 가치는 씨앗과 비슷합니다. 그게 어떤 아름드리나무가 될지는 아무도 알 수 없습니다. 우리들 손에는 씨앗이 한두 개쯤 들려 있습니다. 죄다 씨앗인데 그중 나은 게 무언지 고르는 건 의미가 없습니다. 그 씨앗을 움켜쥐고 자신의 길이라고 믿는 데로 들어설 때 비로소 가치의 기적 같은 시스템이 작동하게 될 것입니다.

박사님은 바닷가 근처 작은 농촌 마을에서 자랐습니다. 당시 부모님들은 선생님이나 면서기만 해도 좋겠다며 자식들의 성공을 빌었습니다. 그러나 박사님은 어린 시절부터 개인의 성취에 대한 집착에서 벗어났습니다. 뜻을 높이 세우라는 말이 있는데, 박사님이야말로 가장 훌륭한 본보기일 것입니다. 자신이 가진 것, 처한 처지에서만 판단하고 그러다 포기하는 청소년들에게 가능성을 열어젖힐 수 있는 믿음을 들고 싶었습니다.

"나는 울산의 한 작은 농어촌 마을에서 7남매의 외동아들로 태어났습니다. 어렸을 땐 특별한 희망을 품거나 하지는 않았습니다. 시골을 지키는 사람이 되는 것 말고는 생각할 수 없었습니다. 대신 내 앞에 펼쳐진 환경을 탓하지 않고 최선을 다하려고 노력했습니다. 그게 결국 오늘의 옥수수박사 김순권을 만든 것 같습니다. 그래서 청소년 시절은 고단한 시절이라기보다는 애틋하고 그리운 추억으로 남아 있습니다.

부산상고 시험에 떨어져 집에서 농사일을 배울 때 뙤약볕에서 하루 종일 쟁기질하던 일, 똥통을 지고 밭에 거름을 나르던 일, 산에 가서 꿩을 잡던 일, 땔감 나무를 하루에 세 짐씩 하던 일, 소를 산에 올려놓고는 배를 채우기 위해 산딸기 혹은 산 어름을 찾아 헤매다 뱀 새끼 덩어리를 만난 일 등이 지금도 눈에 선합니다.

바다도 귀중한 추억입니다. 집 앞에 끝없이 펼쳐진 수평선을 보면서 미지의 세계는 어떨까 꿈을 꾸었습니다. 친구들과 자맥질하며 전복을 따 먹던 일도 잊을 수 없습니다. 그러다 하늘을 날아가는 비행기를 보면서 내가 그 하늘을 날 수만 있다면 어떤 기분일지 막연히 생각해 보던 것도 기억이 납니다.

하나님을 믿으면서 하늘의 뜻이 무엇인지 고등학교 시절에 깨닫게 되었습니다. 미지의 세상을 상상하면서 오늘 주어진 환경에 최선을 다해서 살려고 했습니다. 내가 여전히 꿈을 갖고 살아가는 데는 부모님이 큰 힘이 되었습니다. 일자무식이었지만 자식들에 대한 사랑만큼은 최고였지요.

환경은 어떻게 생각하고 행동하는가에 따라 얼마든지 극복될 수도 있고, 오히려 어려운 환경이기 때문에 더 큰 꿈을 펼칠 수 있습니다. 어려움이 있을 때 나를 크게 만들 훈련장이라고 생각을 하면 고난의 환경도 놀라운 기회가 될 수가 있습니다."

미래는 거창한 데 있는 게 아니라는 걸 박사님은 손수 보여 주고 있습니다. "고작 옥수수가 무슨 일을 할 수 있단 말이야?" 하며 믿지 않는 사람들이 처음에는 더 많았습니다. 그러나 그동안 박사님이 걸어온 길에서 미래가 실현되고 있다는 것을 확인할 수 있습니다. 청소년들에게 자신이 앞으로 하게 될 일이 무엇이든, 꼭 가져야 할 철학을 듣고 싶었습니다.

"내가 옥수수박사가 되어 국내뿐만 아니라 전 세계를 누비면서 가난한 자들을 위해 일할 수 있었던 데는 어린 시절 밑바닥 생활과 환경이 일조하고 있습니다.

누구에게나 자신의 삶이 평탄하길 바라는 마음이 있습니다. 그러나 반대로 쉬운 인생보다는 어렵고 힘든 인생이 그래서 늘 부족하고 모자라다는 겸손한 생각을 가지고 성장하려고 노력하는 게 중요해 보입니다.

이런 인식은 놀아도 최선을 다해서 놀게 하고, 논밭에서 일을 해도 누구보다 열심히 일하도록 해 줍니다. 그래야 생산량도 많아지니까요. 나는 심지어 메뚜기를 잡을 때도 최선을 다했습니다. 아버님은 저에게 크면서 배워 볼 것은 다 배워 보라고 하셨습니다. 거기에는 개척 정신이 담겨 있습니다. 피해 가지 말고 부닥쳐 보는 것, 그 말의 의미를 저 나름대로 되새겼습니다. 청소년기 내내 나는 저의 의지를 확인하면서 살았던 것 같고, 그래서 가난했지만 행복했습니다.

여러분들에게도 십대는 그랬으면 좋겠습니다. 이때는 시간을 마음먹고 쓰지 않으면 그 자체로 낭비하는 것과 같습니다. 허송세월을 십대에도 할 수 있고, 40대에도 할 수 있지만 가장 아까운 건 누가 뭐래도 십대입니다. 이때 자기 의지와 늘 대면하게 되면 그 시간이 평생의 밑거름이 됩니다."

갈수록 청소년들은 더 많은 시험을 보고, 시험에서 딴 점수만으로 많은 게 결정되고 있습니다. 그러다 보니 성적이 지금 삶의 전부라는 착각 속에서 고통받고 있습니다. 더더구나 당락이 결정되는 시험은 청소년들에게 자기를 버리는 무모한 선택에 빠지게도 합니다. 살면서 치러야 할 시험에 대한 자세가 필요할 것 같습니다. 시험은 무엇인지, 안 좋은 결과에는 어떻게 대처해야 하는지 듣고 싶었습니다.

"시험은 누구나 치릅니다. 우스갯소리이긴 하지만, 시험을 잘못 본 사람이 있어야 잘 본 사람이 덕을 볼 것이 아닙니까. 인생을 살아가면서 양보해 주었다고 생각하고 다음을 준비하면 되는 것이죠. 이왕 잘못 본 것, 후회하면 무엇 하나요.

나는 공식적으로 부산상고 입학시험, 농협 입사 시험, 서울대 대학원 입학시험, 미국에서 박사학위 준비시험에 떨어진 경험이 있습니다. 시험에 떨어질 때마다 처음엔 기분이 나쁘고 좌절감도 들게되죠. 그러나 가능한 한 빨리 잊어버리고 더 좋은 일이 생길 수도 있다고 긍정적으로 생각하고 다시 노력합니다.

꼭 일류 중학교, 일류 고등학교, 일류 대학교를 나왔다고 성공하는 것은 아닙니다. 좋은 학교를 나와도 남을 위해서, 사회를 위해서, 국가를 위해서, 세계를 위해서 더 좋은 일을 못하면 부족한 학교를 나온 사람보다도 못한 인간이 됩니다. 높은 수준의 교육을 받고 사회적 기반을 이용하고 나서 그것을 다시 사회로 돌려주는 것이 적다면 그건 도둑이나 다름없습니다.

어느 학교, 어느 직장이든 보람을 느끼면서 인생을 살아가려고 노력하면 되는 것이죠. 인생을 살아가면서 치러야 할 시험들이 아직 많이 남아 있습니다. 시험 노이로제에 걸리지 마세요. 시험의 종이 되지 말고 시험을 극복하려고 노력하세요. 그리고 시험을 이번엔 잘 못 봤다면 다음에는 좀 잘 보도록 노력하면 되는 것입니다. 시험을 시험 삼아서 더 높이 나아가도록 하면 되는 것이죠.

시험을 잘 보는 것보다 결과에 잘 견디는 사람이 되어야 인생에서 더 많은 성공을 누릴 수 있습니다. 이왕이면 떨어지는 것에 재미를 붙여 보기도 하세요. 그렇다고 고의적으로 떨어질 필요는 없지만요.

인생을 살아가다 보면 일이 잘될 때도 있고 잘 안 될 때도 있습니다. 청소년 시절의 시험을, 이러한 인생살이를 미리 연습한다고 생각해 보세요. 그것도 재미있게 말이죠. 너무 스트레스받지 말고, 그리고 부모님께 신경질 부리지 말고 극복하도록 노력하세요. 다음 시험, 다음 진로는 더 좋을 수도 있다는 긍정적 사고를 갖고 늘 준비하면 됩니다."

옥수수에는 여러 의미가 있을 것입니다. 그리고 김순권 박사보다 옥수수에 더 많은 의미를 부여할 사람은 없을 것입니다. 그가 말하는 '나와 옥수수' 그리고 옥수수를 청소년 시기와 견주어 한 말은 가슴 깊이 남았습니다.

"옥수수를 연구할 사람은 큰 도시에 태어나는 것보다 저처럼 시골 농촌에서 그것도 산간, 바닷가 벽지에서 태어나는 게 더 유리할 것입니다. 제 어린 시절 터전은 그런 훈련을 받는 데 최적의 장소였습니다.

내가 내로라하는 선진국의 과학자들보다 더 큰 자부심을 가지고 연구를 할 수 있었던 것도 제 청소년 시절의 배경 때문입니다. '나는 태어날 때부터 옥수수를 연구하기 위해 태어난 사람이다. 그건 나보다 똑똑해도, 나보다 잘살아도, 나보다 더 좋은 환경에서 연구해도 날 따라올 수 없는 후광이다.' 라고 말입니다.

학벌도 마찬가지입니다. 나는 하버드 대학 같은 정말 세계적인 명문대학의 학자들보다 더욱 우뚝 섰습니다. 나는 내가 나온 초등학교부터 대학까지 큰 자부심을 가지고 말할 수 있습니다. 울산 신명초등학교(지금은 강동초등학교로 편입), 경주 양남중학교, 울산농고(지금은 울산공고로 바뀜), 경북대학교, 고려대학교 대학원 수료, 미국 하와이 대학교.

이렇게 생각하세요. 내가 어느 학교를 나오느냐보다 내가 나온 학교를 얼마나 유명하게 만들 수 있는가가 더 중요하다고 말입니다. 내가 바로 이 학교들을 유명하게 만들고 있다고 생각하면 더 큰 자부심을 느끼게 됩니다.

옥수수를 천명으로 알고 살다 보면 외모에 대한 생각도 바뀝니다. 미국 유학 시절 한 동료가 '한국의 순권은 옥수수를 위해서 지구에 태어난 미친 사람이다' 라고 혀를 내두른 적도 있었습니다. 눈이 작아서 옥수수 꽃가루가 눈 속에 잘 들어가지 않는다는 것입니다. 그 말이야말로 저에겐 더할 수 없이 소중한 칭찬이었습니다.

눈이 작다는 게 말이죠!

여러분들도 자신이 이 세상에서 가장 잘할 수 있는 게 무엇일까 생각해 보는 일을 멈추지 마세요. 그러면 언젠간 길을 찾을 수도 있고, 어느 순간 그 길이 보이기도 합니다. 항상 긍정적인 마음으로 한 분야에서 당신이 이 세상에서 가장 잘하는, 적어도 가장 열심히 하는 자가 될 수 있다고 믿고 매진하십시오. 쉬지 말고 매진하세요. 다른 사람이 잠을 잘 때는 기회라고 생각하고 더욱 매진하세요. 여러분의 옥수수를 찾으세요. 여러분이 이 세상에서 무엇을 하기 위해 태어났는가를 늘 생각해 보세요. 그리고 자기가 할 수 있는 분야에서 기회를 잡도록 하세요."

세계대전의 패전국이었던 독일은 엉망이 된 경제와 주변국의 감시와 통제

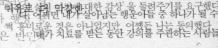

가련하느라 힘겨운 시절을 보내고 있었습니다. 히틀러는 전쟁의 비참한 상황에서 탈출을 꿈꾸
국민들 사이에서 자본가와 지배 세력을 등에 업고 출현했습니다. 스탈린도 마치 유토피아를 건
줄 것 같았습니다. 현실은 그럴 상황이 전혀 아니었지만요.
려 후자의 독재 정권은 선거를 통해 국민의 지지를 받았다는 이유로
합니다. 그래서 더 위험한지도 모릅니다.
기용된 것입니다. 그들을 기반으로 수립된 이승만 정권은
결국 친일파 처단을 중지하였습니다.

우리에게 남겨진 역사의 선택에
일본의 과거의 선택이
결과를 빚었는
위보면서 마치고자 합

Lecture 07   역사학자 이이화

역사에게 길을 물어라

한국에서도 19 8년 제헌국회가 식민잔재를 청산하고 친일파를 처벌

어느 나라 어느 지역을 가더라도 그 나라가

우리나라의 대표적인 민간 역사연구단체 가운데 하나인 역사문제연구소에서는 계절별로 「역사비평」이라는 학술 잡지를 발표하고 있습니다. 1990년 거기에 실린 한 논문이 역사학계에 커다란 반향을 불러일으켰습니다.

'전봉준과 동학농민전쟁'

제목부터 기존의 인식을 뒤엎는 것이었습니다. 농민들의 봉기쯤으로 여겨지던 것이 전쟁의 수준으로 끌어올려진 것입니다.

그 내용은 이전의 논문들과 비교할 수 없을 만큼 명료하고 구체적이라 누구도 감탄을 금할 수 없었습니다. 역사학자들에게 1894년의 의미가 완전히 새롭게 각인되는 순간이었습니다. 동학농민전쟁은 함경도 일부를 제외하고 전국 곳곳에서 당시 인구 3분의 1이 참여한 역사 이래 최대의 농민 주도 전쟁, 일제에 맞선 아시아 최초의 항쟁, 1894년 봄부터 겨울까지 전사한 농민군이 30만 명에 이를 만큼 대규모로 진행된 반봉건·반외세 혁명이었습니다.

이 논문은 그때까지 농민 반란군 수장쯤으로 여겨진 전봉준과 동학군을 재조명하며 젊은 사학자들이 동학농민전쟁을 본격적으로 연구하는 데 불을 댕겼습니다. 그리고 이 논문을 쓴 역사학자에 대한 관심이 고조되었습니다. 논문에 이어 자료집이라고 할 수 있는 『동학농민전쟁 사료총서』 30권이 이 역사학자의 주도하에 출간되었기 때문입니다. 이렇게 방대한 자료에서 나온 논문이기에 꼬투리를 잡으려던 사람들도 그 엄밀함에 혀를 내두를 수밖에 없었습니다.

도대체 이 역사학자는 어떻게 이런 큰 작업을 이뤄 낸 것일까요? 더욱 놀라운 것은 그가 대학에서 정규 코스를 밟은 전문적인 역사 전공자가 아니었다는 것입니다. 물론 학위도 없었습니다. 역사학계가 다시 한 번 이 역사학자를 주목했습니다. 제도권에서도 해내지 못한 업적을 일개 재야 사학자가 이뤄 냈으니까요. 그가 바로 이이화 선생님이었습니다.

역사학계를 한바탕 뒤집어엎은 그 사건은 많은 사람들에게 소외된 역사에 대한 관심을 불러일으켰습니다. 역사라면 학교에서 배운 게 고작인 사람들에게 그의 강연은 신선한 충격이었습니다. '이이화 선생님의 역사 기행'은 학생부터 일반인은 물론이고 각계각층의 전문가들에게까지 인기가 높았습니다.

그로부터 다시 몇 년 뒤에 이이화 선생님은 오지의 산골로 들어갔습니다. 그동안 생각만 했던 작업을 시작하기 위해서였습니다.

그는 늘 역사와 대중들이 친하지 않다는 것에 고민해 왔습니다. 제도권 학자들은 마치 역사가 자신들의 전유물인 것처럼 대중들을 배려하지 않았습니다. 그러다 보니 자연히 대중들도 역사와 가까워지기 어려웠습니다. 이이화 선생님은 한국통사를 쓰기로 마음먹었습니다. 그것도 누구나 쉽게 읽고 이해하고 느낄 수 있는 국사책, 대중들에게 먼저 손 내미는 국사책, 그들을 위한 국사책 말입니다.

10년 동안 그의 작업은 쉬지 않고 계속되었습니다. 거의 사투라고 할 만큼 처절한 자기와의 싸움이기도 했습니다. 그리고 마침내 원고지 2만 7,000장, 책으로는 22권에 이르는 방대한 국민 역사책 『한국사 이야기』가 탄생하였습니다.

개인이 저술한 한국통사로는 가장 방대한 분량이었습니다. 언론들은 가리지 않고 그의 위대한 작업에 찬사를 보냈습니다. 높은 수준이었음에도 불구하고 독자들도 이렇게 쉬운 역사책은 처음 접한

다며 열광했습니다. 사회인은 물론이고 대학생, 중고등학생까지
『한국사 이야기』에 매료되었습니다.

급기야 역사가 성큼 독자들의 마음속으로 들어오는 대중 역사서
의 새바람을 불러일으켰습니다. 그리고 딱딱한 역사의 외피 속에
말랑말랑한, 살아 있는 속살을 누구나 만져 볼 수 있게 되었습니다.
그게 가능했던 것은 『한국사 이야기』라는 제목처럼 할아버지의 옛
날이야기를 듣는 것 같은 이이화 선생님의 구수한 서술 방식도 한
몫했습니다.

우리는 그의 역사책에서 무엇보다 인간의 소중함을 깨닫게 되었
습니다. 왕들의 역사, 영웅들의 역사, 침략의 역사에는 없는 민중들
의 역사에서 발견한 소중한 보물들이었습니다. 영토 지배의 역사보
다 인간의 존엄함이 발현된 역사가 더 높은 가치로 가슴에 스며들
었습니다. 그리고 우리가 역사박물관에서 보던 디오라마의 이름 없
는 필부조차 얼마나 아름다운 존재인지를 알게 되었습니다. 이이화
선생님은 그들이야말로 역사의 진정한 주인이라고 말합니다.

그 말은 곧 우리 모두가 역사의 주체라는 의미이기도 합니다. 우
리 한 사람 한 사람의 발자취가 역사가 된다는 것입니다.

이 놀라운 인식을 가지고 우리는 역사에서 길 찾기를 시도할 것입니다. 역사의 길 위에 선 주체자로서 역사에게 물을 것입니다. "과거의 그림자를 끌고 나는 어떻게 살아갈 것인가?" 하고 말입니다. 이 이화 선생님의 삶 속에서, 그의 글 속에서 함께 물어볼 것입니다.

우리는 왜 역사에게 길을 묻는가

이이화 선생님은 '역사는 오늘의 거울이요, 내일의 길잡이' 라고 했습니다. 이 말의 의미는 생활에서도 발견할 수 있습니다.

우리는 날마다 거울 앞에서 얼굴을 확인하고 밖으로 나갑니다. 거울을 들여다보는 게 매일의 습관인 것처럼 역사를 들여다보는 것도 그렇습니다. 나가야 하는 밖은 미래요, 거울 앞에 서는 것은 현재요, 거울에 비친 얼굴은 과거입니다. 거울을 보고 밖으로 나가는 동작처럼 역사도 과거, 현재, 미래가 끊어지지 않고 하나의 동선을 따라 이루어집니다.

E. H. 카도 '역사는 현재와 과거의 끊임없는 대화' 라고 했습니

다. 그리하여 이이화 선생님은 "자기들이 살아온 역사에서 새로운 힘과 교훈을 구체적으로 만나 발전의 동력으로 삼는다."고 했습니다. 과거, 현재, 미래가 늘 한 몸인 것처럼 움직이는 것입니다.

그리하여 우리는 많은 갈림길에 서서 역사를 나침반으로 삼게 됩니다. 언젠가 지금은 과거가 될 것이고, 지금의 선택이 후세에 분명한 결과를 낳게 될 테니까요. 미래는 늘 과거와 현재의 얼굴이 겹쳐져 만들어지는 입체의 얼굴입니다.

여기 두 개의 장면이 있습니다. 두 개의 역사가 서로 다른 선택을 하게 되고 현재에 이르러 어떤 변화가 이루어졌으며 미래는 어떻게 될 것인지 짐작할 수 있는 장면입니다.

제2차 세계대전이 끝나고 패전국 독일의 전쟁 전범들이 뉘른베르크 재판에 서게 됩니다. 재판에 기소된 나치 전범 24명에게는 대부분 사형이나 종신형 같은 중형이 언도되었습니다.

독일은 전쟁을 일으킨 대가로 동독과 서독으로 분단되었습니다. 전쟁 범죄에 대한 책임도 져야 했습니다. 유대인 학살에 대한 사죄는 물론이고 보상도 해야 했습니다. 전쟁 범죄자는 끝까지 추적해 처벌했습니다. 그들에게는 시효가 없었습니다. 독일 정부도 전범들을 찾는 데 적극 나섰습니다. 10만 건이 넘는 전범 용의자를 직접 찾아냈고 6,000건 이상 유죄판결을 내렸습니다.

독일은 그 후에도 지속적으로 전쟁에 대한 책임을 지는 데 소홀하지 않았습니다. 심지어 수상이 폴란드 바르샤바의 게토 기념비에 와서 무릎을 꿇고 용서를 구하였습니다. 지금도 독일은 전쟁 가해국임을 잊지 않고 있습니다. 전쟁이 끝난 지 50년이 지난 뒤에도 독일 정부는 나치에 의해 강제 노역에 동원된 120만 명의 피해자에 대해 배상하기 위해 직접 배상금을 마련하기도 하였습니다. 독일 국민들은 어려서부터 이와 같은 역사의 진실을 가감 없이 배우며 자랍니다.

제2차 세계대전의 또 다른 패전국인 일본의 전범들도 재판대에 오르게 됩니다. 그런데 재판의 양상은 대조적이었습니다. 재판을 받은 군부의 전범들은 수도 미미했고, 정작 일본 국민들을 어린 소년들까지 전쟁 속으로 밀어 넣은 가장 책임이 큰 전범인 일왕은 그 대상에서 빠지고 말았습니다.

더욱 놀라운 일은 전범들의 위패가 신사에 안치되었는데 거기에 정치 수장들이 참배를 가는 일을 지금도 버젓이 하고 있다는 사실입니다. 즉, 전쟁들을 기리는 행위를 통해 당시 전쟁을 수행한 군부에 면죄부를 주고 있는 것입니다.

그들은 독일이 나치를 단죄했던 것과는 달리 전쟁 범죄에 대해 자국인을 단 한 명도 처벌하지 않았습니다. 오히려 전쟁 책임을 부정하는 망언을 계속해서 쏟아 내고, 진정성 없는 형식적인 사죄를 간간히 내놓을 뿐입니다. 그들은 오히려 자신들이 전쟁의 피해자임을 부각시키는 노력을 은밀히 해 오고 있습니다.

일본은 역사책에서도 중국의 난징대학살과 조선의 종군위안부, 만주의 731부대 등 숱한 전쟁 범죄들을 고의로 지워 버리려 하고 있습니다. 누구나 다 알고 있는 역사를 부정하고 있는 것입니다.

일본 국민들은 어려서부터 왜곡된 역사를 배우고 있으며 허구의 역사에 사로잡히고 있습니다. 소수의 양심적 지식인과 학자만이 힘겹게 역사의 진실을 알리고 있을 뿐입니다.

이 두 갈래의 역사가 선택한 결과는 현재 너무도 다른 결과를 빚어냈습니다. 독일은 철저하게 나치의 역사를 단절시키고 가해의 책임에도 철저함으로써 유럽 사회의 당당한 일원으로 자리 잡을 수 있었습니다. 그리하여 전쟁 가해자에서 책임 있는 국가로, 분단국가에서 통일국가로, 전쟁 범죄국에서 유럽 통합의 주도국으로 성장했습니다.

반면에 일본은 처단하지 못한 군국주의 전범들이 그대로 정계, 학계, 재계로 복귀하면서 태평양 전쟁의 군부가 그대로 존속되고 말았습니다. 그들은 전쟁 때와 마찬가지로 일왕의 위상을 다시 끌어올려 국민들을 우경화시키는 데 앞장섰습니다.

그 결과 한국, 북한, 중국 등 아시아와 불화가 끊이지 않으며, 심지어 세계적인 지탄을 받기에 이르렀습니다. 세계 경제대국이지만 과거의 잘못된 역사를 올바로 청산하지 못한 대가로 그에 걸맞는 대우를 받지 못하고 있습니다. 오히려 아시아 대부분의 나라로부터 전쟁에 대한 경각심만 불러일으키고 있습니다. 그들과의 긴밀한 관계는 갈수록 멀어지고 있으며, 늘 긴장의 화근이 되고 있습니다.

이처럼 통합과 협력의 유럽과 긴장과 갈등의 아시아는 전쟁의 패전국들이 바로 다른 역사를 선택한 데 한 원인이 있습니다. 우리가 끊임없이 역사에게 길을 물어야 하는 이유가 여기에 있습니다.

　이이화 선생님은 "역사가 자기의 과거를 반성하고 새로운 미래를 제시하는 것이라는 점에서 일본의 교과서 또는 근현대사 왜곡도 우리가 마땅히 비판해서 바로잡아야 하고 일본 측도 깊이 반성해야 할 일"이라고 하였습니다. 오늘날 식민지 근대화론 같은 엉뚱한 주장이 횡행하고 있는 현실을 분노하기도 하고 안타까워하기도 합니다.

역사에서 이름도 없이 사라진 사람들

　앞에서 이이화 선생님의 역사 작업은 이름을 잃어버린 사람들에게 이름을 찾아 주는 것이라고 했습니다. 그래서 그의 역사책에는 그동안 들어 보지 못했던 많은 민중들의 이름과 그들의 생활이 드러납니다. 그는 비단 글로 된 책으로만 그런 작업을 한 것은 아닙니다. 그는 역사학자라면 책만 써서는 안 된다고 생각했습니다.

"역사학자는 행동적이고 실천적이어야 한다는 것이다. 그 시대의 고통과 모순을 외면하고 연구실에 처박혀 있는 아카데미즘을 배격하는 것이다. 비록 운동가는 아닐지라도 자신이 그 운동선상에 가까이 있어야 한다는 것이다. 현실의 모순과 비리를 외면하고 공허한 이상만을 추구하는 것은 공염불에 지나지 않을 것이다."

–『역사는 스스로 말하지 않는다』 중

그는 직접 현장에 뛰어들어 한국전쟁 때 무고하게 학살된 민간인 희생자들의 실상을 파헤쳤습니다. 그가 한국전쟁 전후 민간인학살 진상규명 범국민위원회 상임대표로 있을 때였습니다.

흔히 대량학살, 즉 제노사이드라고 하면 남의 일처럼 여겨질지도 모릅니다. 제2차 세계대전 당시 유대인 대학살이나 캄보디아의 킬링필드만을 떠올릴 수도 있습니다. 그러나 우리 근현대사에서도 제노사이드가 벌어지는 비극이 곳곳에 있었습니다.

이이화 선생님은 우리나라에서도 이런 집단학살이 엄청난 규모로 이루어졌음을 보여 주었습니다. 그의 저서들에는 묘비명도 없이 산화한 사람들의 역사가 낱낱이 기록되어 있습니다.

불과 30여 년도 안 된 1980년 광주민중항쟁 당시 계엄 군부에 의해 많은 사람들이 학살되었습니다. 두 차례의 군사독재정권에서 30년간 800여 명이 정치적인 목적으로 살해되었다고 합니다. 그러나 피로 세워진 군사독재정권의 독재자들은 피격되거나, 10년도 못 가 민주화항쟁으로 막을 내리고 법의 심판대에 올랐습니다.

한국전쟁 당시 전국에서 일어난 제노사이드는 세계사에 대표적인 대량학살로 기록될 정도였습니다. 이이화 선생님은 이때 희생된 민간인을 100만여 명으로 추정하고 있습니다. 가해자는 군인과 경찰, 좌우익 청년단체, 미군이라고 하였습니다.

더 거슬러 올라가면 일제 식민체제하에서 일본군이 자행한 무자비한 대학살이 있습니다. 동학농민군을 토벌한다는 명분으로 일본군에 의해 수많은 민간인들이 집단 살해되었습니다. 3·1 운동 때도 화성 제암리 등에서 제노사이드가 벌어졌습니다. 강제 징용이나 종군위안부도 이 범주에 들 수 있다고 합니다.

이이화 선생님은 이렇게 이유도 모른 채 혹은 정치적인 탄압으로 구덩이에서 가족, 친척들과 함께 몰살된 사람들을 찾아 나섰습니다.

증언들과 자료를 찾아 발굴 현장을 확인하면서 유족들을 많이 만났습니다. 죽은 자는 말이 없지만 살아남은 자의 슬픔은 대를 걸쳐 계속 이어졌습니다. 학살된 사람들의 유족은 가족을 잃은 것으로 그치지 않았고, 연좌제에 묶여 수십 년 동안 고통을 겪어야 했습니다.

이이화 선생님은 이들의 죽음에 얽힌 진상을 규명하고 명예를 회복하는 것이 바로 역사의 정의를 실현하는 지름길이라고 하였습니다. "불의를 정의로, 반목과 적대를 용서와 화해로, 갈등과 분열을 통합과 일체감으로 바꾸는 하나의 과정"이라고 하였습니다. 그리고 "진정코 인간은 누구나 법의 보호를 받고 인간답게 살 권리를 보장받는 것이 현대 인권국가와 인간사회에서 지향하는 바"라고 했습니다.

어느 인터뷰에서 그는 이렇게 말했습니다.

"나는 역사가 개혁되어 평등의 역사가 이루어진다고 봅니다. 그러나 갈등은 청산해야 됩니다. 과거사라고 하니까 갈등을 새로 유발하자는 것으로 오해하는 분들이 있는데, 우리는 친일파 문제 같은 오욕된 역사를 분명히 청산하고 미래 화합으로 가야 됩니다.

한국전쟁 때 이데올로기에 대해 아무것도 모르는 사람들이 국가

폭력에 의해 죽었는데 지금까지 명예 회복을 안 시켜 줬어요. 이런 것은 인권의 문제이지 이데올로기의 문제가 아니에요. 오늘날 세계는 인권으로 갑니다. 인권을 존중해 주는 그런 역사를 위해서라도 과거사를 정리하고 서로 화합해서 미래에는 정말 손잡고 밝은 사회로 가야 된다고 봅니다.

유럽에서는 이미 그것을 해서 오늘날에 그런 갈등이 없습니다. 그렇다고 과거사를 청산하는 게 누군가를 응징하고 벌주자는 것은 아니고 이것을 묻어 놓고 가면 미지근한 상태로 유지될 뿐이니까 우리가 이 시대에 재빨리 청산하고 화합의 미래를 열어 가야 된다는 것입니다."

이이화 선생님은 버려지고 묻힌 역사의 현장을 숱하게 찾아다녔습니다. 동학농민전쟁의 흔적을 발굴해 낸 것은 우리 역사의 쾌거였습니다. 그는 동학농민군이 일본군의 개입으로 해산되는 상황에 이르자 일본군이 토벌대가 되어 동학군의 소재지마다 마을 전체를 소각하는 학살을 자행했다는 것을 알게 되었습니다.

집성촌이 많은 마을들은 한날한시에 멸족되기도 했습니다. 농민군의 최고지도자 전봉준도 그 후손이 끊겼습니다. 이때는 일본군뿐만 아니라 양반 세력들도 농민군 토벌에 적극 가담하기도 했습니다. 동학농민군이 신분제 철폐를 주장했기 때문입니다. 나라가 망해 가는데도 그들은 조그만 기득권을 지키기 위해 동족을 무참하게 살해한 것입니다.

이이화 선생님은 동학농민전쟁 100주년기념사업 추진위원회 위원장으로 활동했습니다. 전에는 사람들이 이 전쟁의 무고한 피해자들에 대해 아무런 관심이 없었습니다. 이이화 선생님만이 이들의 명예를 회복시키기 위해 노력했습니다. 그 결과 2004년 동학농민군의 명예 회복을 위한 특별법이 국회를 통과하는 쾌거를 이루었습니다.

이이화 선생님은 이 시기에 역사에 길을 묻게 됩니다. 역사에 무관심해지는 나라에는 미래가 없다는 것을 잘 알고 있었습니다. "그렇다면 이 나라의 미래는 역사에게 길을 묻는 사람들이 많아야 한다. 누구나 쉽게 읽고 이해할 수 있는 역사책이 필요하다."라고 생각했습니다.

그리고 더 늦어져서는 안 된다는 조바

심이 일었습니다. 그때 선생님의 나이 50대 후반이었습니다. 그는 10년이라는 시간을 대중 한국통사에 바치기로 작정합니다. 『한국사 이야기』는 이렇게 시작되었습니다.

역사의 교훈1 _ 인내하며 기다려라

산속에 들어가기도 하고 골방에서 집필을 시작한 지 10년 만에 『한국사 이야기』를 탈고하였을 때 그는 어느덧 고희에 가까워졌습니다. 사회로 치자면 벌써 은퇴할 나이에 마치 20대처럼 왕성한 열정을 가지고 일했던 것입니다. 그러나 열정만으로 10년을 버틸 수는 없었습니다. 육체는 벌써 초로를 넘어서고 있었으니까요.

그는 시간이 정지된 것 같은 산속에서 매일 계획을 세우고, 매달 계획을 세우고, 매년 계획을 세웠습니다. 하루의 계획은 틀어지더라도 한 달의 계획은 거의 무너지지 않았습니다. 그는 매년 약속했던 분량의 책을 출간하면서 주위를 놀라게 했습니다.

그가 이 일을 시작할 때는 다들 고개를 젓고 심지어 만류했다고 합니다. 그 나이에 무슨 고생이냐는 얘기부터 몸이 버텨 주지 못할 거라는 염려까지. 그리고 절대 가능한 일이 아니라는 얘기도 들었습니다.

그가 한 해 한 해 권수를 늘려 가며 『한국사 이야기』를 세상에 내놓자 독자들과 언론들이 이 한 사람의 고독한 작업에 주목하기 시작했습니다. 어느 언론인은 "민중들 속에 살면서 그들의 삶 깊은 곳까지 이해하고 함께 웃고 울면서 자신의 개혁론을 펼쳤던 실학자 다산 정약용을 연상하게 만든다."고도 했습니다.

그가 10년 동안 역사에게 길을 묻는 작업을 해 온 것처럼 우리는 그에게서 길을 찾을 수 있습니다. 그것은 참고 견뎌 내는 사람만이 대답을 들을 것이라는 교훈입니다. 이제 소개할 이야기도 인내하며 기다려서 마침내 염원을 이룬 역사입니다.

와신상담(臥薪嘗膽)은 중국 월나라 왕 구천과 오나라 왕 부차의 고사입니다. 월왕 구천은 오나라 왕 합려의 군대를 상대해 왕을 죽이고 대승하자 이번에는 오나라로 쳐들어가게 됩니다.

그러나 오나라 왕 합려의 아들 부차에게 오히려 패하고는 항복하기에 이릅니다. 포로가 된 구천은 오나라의 왕이 된 부차의 노복(시종)이 되고 맙니다. 일국의 왕이 노예나 다름없는 신세가 된 것입니다.

구천은 온갖 모욕을 당합니다. 개의 흉내를 내기도 하고, 부차의 발을 핥기도 합니다. 부차가 시키는 짓이라면 똥물에라도 들어갔습니다. 심지어 아내가 부차의 첩이 되었는데도 그는 내색하지 않았습니다. 신하들이 의심하면 할수록 부차가 구천에게 주는 모욕의 강도는 점점 심해졌습니다.

마침내 부차는 구천이 나라를 세울 의지가 없으며 결코 자신을 적대하지 않을 거라는 확신을 갖게 됩니다. 3년 동안 그를 시험하고 내린 확신이었습니다.

이미 황폐해진 자신의 나라로 겨우 돌아온 구천은 그때부터 침실에 쓰디쓴 쓸개를 놓고 날마다 핥으며 치욕을 잊지 않으려 했습니다. 그리고 20여 년 뒤 구천은 군대를 길러 오나라를 정복했고, 패왕 부차가 자살함으로써 최종의 승자가 됩니다.

아파르트헤이트는 남아프리카공화국의 인종차별 정책으로 백

인우월주의를 대표하는 상징이었습니다. 흑인 변호사였던 넬슨 만델라는 이 정책의 철폐를 위해 싸우다 붙잡혀 종신형을 선고받습니다. 그는 육지와 격리된 섬에 지어진 감옥에 갇힙니다. 극렬 정치범으로 분류되어 늘 독방 신세를 져야 했습니다. 면회도 일 년에 고작 두 번만 허용되었습니다. 밤에 자다가도 술 취한 간수들 앞에 끌려나와 구타를 당하기도 했습니다.

중노동에 시달리며 하루하루가 흘러갔지만, 바깥세상은 달라질 줄 몰랐습니다. 흑인들을 탄압하는 강도는 더 심해졌고, 살해당하는 흑인들의 수도 갈수록 늘어났습니다. 그의 가족들도 격리되어 감시받으며 살아야 했습니다.

간수들은 그에게 나쁜 소식만을 알려 주었습니다. 일부러 가족이 곤란에 처한 기사를 보여 주기도 했습니다. 그는 감옥에서 어머니의 임종도 지켜보지 못했고, 큰아들의 장례식에도 참석하지 못했습니다. 이렇게 견딘 시간이 햇수로 27년이었습니다.

그는 감옥에 갇힌 지 27년 만에 석방되어 남아프리카 대통령으로 선출되었고, 그토록 염원하던 아파르트헤이트의 철폐를 이루어 냈습니다. 그는 과거사를 청산하기 위해 진실을 파헤쳤고, 복수하는 대신 화해로써 미래를 열었습니다.

　한국의 석달마을 학살 사건은 한국전쟁이 일어나기 반년 전에 군인들에 의해 벌어진 주민 학살 사건입니다. 동조하지 않았다는 이유로 마을이 모두 불타고 주민 86명이 총살되었습니다. 한 소년은 그때 어머니를 비롯해 가족 9명을 잃었습니다.

　소년은 현장에서 가족들이 군인들의 총부리에 쓰러지는 장면을 생생하게 보았습니다. 그 충격으로 그는 매일 악몽에 시달려야 했습니다. 어른이 되어서도 정신의 상처는 아물지 않았습니다. 그는 진상 규명을 위해 유족들을 찾아 서명을 받아 정부에 호소했지만 쿠데타가 일어나 군부가 정권을 장악하면서 무위로 돌아가고 말았습니다.

　이 나라를 떠나면 슬픔과 분노에서 벗어날 수 있을까 싶어 이민을 가기도 했지만 소용없었습니다. 그때 벌써 쉰이 넘은 나이였습니다. 그는 다시 귀국하였습니다. 석달마을 학살 사건을 해결하는 데 평생을 바치기로 결심했던 것입니다. 그때부터 그는 머리와 수염을 깎지 않았습니다. 마을 사람들의 명예를 회복시키기 전에는 깎지 않기로 했던 것입니다.

그는 유족회를 결성하고 탄원서를 들고 정부 기관들을 찾아 호소하기 시작했습니다. 위령제도 지내고 책도 만들면서 이 사건의 진실을 사람들에게도 알렸습니다. 이러한 문제들을 해결하기 위해 한국전쟁 전후 민간인학살 진상규명 범국민위원회가 발족하면서 이이화 선생님과도 인연이 닿았습니다. 그의 이름은 채의진이었습니다. 그는 누구보다 적극적으로 참여했고, 국회를 드나드는 사람이라면 그를 모르는 사람이 없을 정도가 되었습니다.

2005년 과거사정리기본법이 국회를 통과하고서야 그는 머리와 수염을 깎았습니다. 실로 55년 만에 그의 숙원이 최소한이나마 이루어지게 된 것입니다.

우리가 역사에게 선택에 대한 조언을 구할 때 가장 큰 진리는 인내하며 기다리라는 것입니다. 이이화 선생님은 『한국사 이야기』를 비롯해 과거사 청산을 위해 많은 세월을 견디며 기다렸습니다. 여전히 장애물은 산재해 있지만 진실 규명과 명예 회복의 발걸음은 조금씩 빨라지게 되었습니다. 최근에는 한국전쟁 당시 보도연맹 사건에 대해 국가가 배상을 하라는 판결이 내려졌습니다. 60여 년 만에 억울한 희생자들의 명예가 회복된 것입니다.

역사는 그 반대의 경우에 대해서도 가혹했습니다. 일제 식민치하에서는 많은 변절자들이 있었습니다. 그들은 역사의 잘못된 길을 선택함으로써 많은 업적을 남겼더라도 온전히 평가받을 수 없었습니다.

그들에게 친일파라는 굴레는 아무리 시간이 흘러도 벗겨지지 않을 것입니다. 오히려 인권이 더욱 신장되는 사회가 될수록 그들의 과오는 더욱 부각되고 말 것입니다. 아직도 독일이 전범 나치를 추적하고 있으며, 프랑스에서 60년 전의 전쟁 부역자들에게 시효를 주지 않은 것과 마찬가지입니다.

역사의 교훈2 _ 역사의 화살표가 꺾이면 악순환의 고리가 생긴다

이이화 선생님은 잘못된 과거사를 바로잡는 것이 역사의 정의를 실현하는 지름길이라고 했습니다. 지금까지 거론된 역사는 지엽적인 것처럼 보이지만 실은 미래를 위해 치열하게 연구하는 현대의 역사 분야가 가장 주목하고 있는 것이 바로 인권입니다. 역사의 발전 동력은 인권이기 때문입니다.

인권을 유린하면서 온전한 역사를 가진 나라는 없습니다. 이이화 선생님은 저서에서 이렇게 말했습니다.

"세계 곳곳에서 인권을 외치는 시대, 평화의 행진을 거듭하는 세상에서 바로 얼마 전 시대에 자행된 민족사의 비극과 왜곡을 풀지 않는 사회와 국가는 미래의 희망을 열 수 없을 것이다."

이처럼 현대의 역사는 곧 인권의 역사가 되고 있습니다. 이이화 선생님은 바로 국내에서 인권의 역사를 만들어 가는 첨단의 역사가이기도 합니다. 우리는 수백 년 전, 수천 년 전의 과오도 인권의 역사에서는 새롭게 정립된다는 것을 알게 되었습니다. 그 대표적인 사례가 마녀사냥입니다.

15세기부터 유럽에 창궐했던 마녀사냥은 중세 가톨릭교회가 이교도를 박해하기 위해, 기근이나 전염병으로 공동체가 와해될 위기에 놓였을 때 혼란을 잠재울 희생양으로, 종교재판을 통해 이루어진 대규모 공개처형이었습니다. 이때 교회가 정한 마녀사냥의 원칙은 "마녀 하나를 사냥하기 위해서라면 무고한 사람 99명이 희생되어도 괜찮다."는 것이었습니다.

1999년 로마의 교황은 가톨릭교회가 지난 2,000년간 저지른 모든 잘못들, 마녀사냥 같은 이단 심문, 십자군 전쟁, 유대인 박해까지 신의 용서를 구했습니다. 당시에는 정당화되었지만 인권의 역사에서는 잘못되었으므로 바로잡으려 한 것입니다.

마녀사냥은 18세기에 과학이 신학으로부터 서서히 분리되고, 합리적이고 이성적인 세계관이 태동하면서 자취를 감추었습니다. 그러나 200년이 넘게 자행된 마녀사냥은 그로부터 4세기 뒤에 한국에서도 등장합니다.

"양민 열 명이 희생되더라도 좌익 한 명을 죽여라."

빨갱이를 잡겠다며 군경이 내세운 원칙이 마녀사냥과 너무도 흡사해 머리가 쭈뼛 설 정도입니다. 군경은 이보다 더 극렬한 좌익 사냥에 나섰습니다. 지금도 마녀사냥은 어디선가 계속되고 있습니다. 마녀사냥은 제노사이드로 이어지는 가장 무서운 역사의 고리였습니다.

이이화 선생님은 군사정권의 패악을 많이 지적했습니다. 그것은 독재정권이 얼마나 많은 인권을 유린하게 되는지 수많은 역사가 증거하고 있다는 사실을 잘 알기 때문입니다. 히틀러는 제2차 세계대전 기간 동안 유대인 600만 명 이상을 가스실에 몰아넣어 집단 학살한 독재자였습니다. 그가 일으킨 전쟁의 참화로 약 2,500만 명이 죽었습니다.

스탈린은 반혁명재판을 통해 대대적인 정적 숙청 작업을 벌여 수많은 사람들을 처형하였습니다. 필리핀의 마르코스는 21년간 장기 집권하며 수많은 언론인과 정적을 탄압하고 부정과 부패를 일삼았습니다.

이이화 선생님은 우리나라에서도 군사독재정권이 들어섰던 30년간 집단사형, 암살, 고문, 집단학살로 사망한 사람이 800여 명에 이른다고 말합니다.

독재정권은 군부를 앞세워 무력으로 정권을 세우거나, 표면적으로 국민의 지지를 받으면서도 세워질 수 있습니다. 제1차 세계대전의 패전국이었던 독일은 엉망이 된 경제와 주변국의 감시와 통제 그리고 전쟁 배상금을 마련하느라 힘겨운 시절을 보내고 있었습니다. 히틀러는 현재의 비참한 상황에서 탈출을 꿈꾸는 국민들 사이에서 자본가와 지배 세력을 등에 업고 출현
했습니다. 스탈린도 마치 유토피아를 건설
해 줄 것 같았습니다. 현실은 그럴 상황이
전혀 아니었지만요.

오히려 독재정권은 선거를 통해 국민의 지지를 받았다는 이유로
더 막강한 권력을 행사하고는 합니다. 그래서 더 위험한지도 모릅
니다. 국민들이 현실에 기반을 두지 않고 막연한 환상을 꿈꾸면 독
재자는 어김없이 되살아났습니다. 현실 상황이 어려울수록 국민들
이 환상을 갈구한다는 걸 독재자들은 잘 알고 있습니다.

그들은 자신을 구세주로 착각하고 국민들에게 연막을 뿌려 그렇
게 착각하도록 만듭니다. 자신 아니면 안 된다는 메시아 병에 사로
잡히기 마련인 독재자는 깨어난 국민들에게 방해받는다는 생각에
빠지고, 결국 독선은 분노로 표출될 수밖에 없습니다. 인권은 무참
하게 짓밟힐 수밖에 없습니다.

지금 청소년들은 몇 년 뒤에는 여러 선거에 참여하게 될 것입니
다. 그것은 단순히 행정을 맡을 사람을 뽑는 것이 아니라 늘 역사
의 한 순간을 선택하는 일이라는 사실을 잊으면 안 됩니다. 미래에

적합한 사람을 선택하는 일이기에 우리는 과거의 역사에게 늘 되물어야 합니다.

화살표가 달린 역사의 막대는 저절로 강한 것이 아니라 늘 힘을 모아 곧추세워 주기 때문에 꼿꼿이 서 있는 것입니다. 우리가 그것을 놔 버리는 순간 역사의 화살표는 꺾이고 말 것입니다. 그러면 다시 악순환의 고리가 생기고 악습과 폐단이 순환할 것입니다.

세상은 점점 좁아지고 있습니다. 이동 수단의 발달로 거리상의 시간이 단축됨을 의미하는 게 아닙니다. 세상 곳곳에서 벌어지는 일들이 전달되는 시간이 그만큼 빠르다는 것입니다. 이제 역사는 다양한 단계가 하나의 현장에 뒤얽혀 있는 꼴입니다. 그러나 그 어떤 사건도 현대 인간의 보편적인 합의의 영역인 인권의 동일한 시각으로 접근할 수 있습니다.

한 나라의 인터넷 사용자가 올린 글을 정부가 문제 삼아 구금시키는 일이 발생하면 세계적인 인권 단체가 석방을 요구하는 일이 가능해진 것입니다. 이제 우리는 인권의 역사를 모르고서는 세상을 바로 볼 수 없다는 걸 알게 되었습니다. 글로벌 스탠더드로서 인권에 대한 역사 인식을 가지지 못하면 결코 세계인이 될 수 없을 것입니다.

천박하고 후진적인 역사 인식이 그 사람의 수준이 될 테니까요.

또한 앞으로 어느 나라, 어느 지역을 가더라도 그 나라가 인권 문제를 어떻게 다루는지를 통해 그 나라의 역사와 문화의 수준을 가늠하게 될 것입니다.

프랑스와 한국 역사의 차이

이제 우리에게 남겨진 역사의 선택에 대해 생각해 봐야 할 것이 있습니다. 앞에서 패전국 독일과 일본의 과거의 선택이 낳은 결과를 들여다보았습니다. 이젠 우리 차례입니다. 다음의 두 가지 선택이 어떤 결과를 빚었는지 역사에게 물어야 할 때입니다. 이번 강의는 우리를 역사의 갈림길에 세워 보면서 마치고자 합니다.

나치 점령하에서 독일을 도운 괴뢰정부의 참여자들 대부분이 사형 등 중형을 받으며 프랑스 국민의 자격을 박탈당했습니다. 부역 전범들 수천 명이 사형 선고를 받았고, 수십만 명이 비국민 판정을 받았습니다.

괴뢰정권에 협력했던 언론인들, 지식인들, 작가들은 더욱 가혹한 형벌을 받았습니다. 정신을 팔아 일신을 지키려 했다는 이유에서였습니다. 여론을 오도하는 것은 개인의 부역 이상의 폐해라는 점에서 대부분 사형과 중형 선고를 받았습니다.

나치 협력자들뿐만 아니라 그 후손들까지 그 어느 분야에도 발을 붙이지 못했습니다. 그들의 후손이 정치나 경제, 문화 분야에 들어오는 일은 철저하게 차단되었습니다.

처음에는 부역에 참여했다가 나중에 자유 프랑스에 가담해 반나치 투쟁을 열렬히 펼쳐 애국자가 된 사람도 초기의 과오를 용서받지 못해 참정권을 박탈당했습니다. 민족 반역자들의 재산이 모두 몰수되어 국가에 환속되는 것은 너무도 당연한 수순이었습니다.

한국에서도 1948년 제헌국회가 식민잔재를 청산하고 친일파를 처벌하기 위한 반민족행위처벌법을 제정하였습니다. 반민족행위특별조사위원회, 즉 반민특위가 구성되어 친일파 숙청 작업이 시작되었습니다.

그러나 일 년 만에 반민특위가 해체되며 반민족 분자들에 대한 처벌도 흐지부지되고 말았습니다. 일본 군부가 살아남아 권력의 중심으로 다시 들어간 것처럼 친일파 역시 미 군정기에 일제하에서 익힌 행정 능력을 바탕으로 권력의 요직으로 기용된 것입니다. 그들을 기반으로 수립된 이승만 정권은 반민특위 활동을 방해하기 시작했고, 결국 친일파 처단을 중지하였습니다.

친일파들이 국가 권력에 다시 잠입함으로써 일제 부역자들에 대한 처벌은 더 이상 이루어지지 못했습니다. 한국전쟁 이후 군사독재정권이 들어섰는데 군부에는 이미 반공의 탈을 쓴 많은 친일파들이 득세하고 있었습니다. 과거사 청산은 다시 불가능해지고 말았습니다. 또 다른 군사독재정권이 들어섬으로써 반공의 국시는 더욱 공고해졌고, 오히려 청산해야 될 과거사는 계속 누적되기만 했습니다.

민주화항쟁 이후 문민정부가 들어서고 나서야 각계각층에서 일제 친일파를 처단해야 한다는 과거사 청산의 목소리가 높아졌습니다. 마침내 2004년 국회에서 반민족행위진상규명특별법이 통과되기에 이르렀습니다. 반민특위가 해체된 지 무려 55년 만이었습니다. 55년 만에 비로소 친일파 청산 작업이 겨우 시작된 것입니다.

우리가 이 문제에 대해 역사에 길을 물어야 할 때도 이이화 선생님을 만날 수 있습니다. 이이화 선생님은 친일파인명사전 편찬에 참여하기도 했고, 그런 작업을 벌이는 위원회나 연구소에서 여전히 활발한 활동을 펼치고 있습니다. 그를 역사의 나침반 삼아 근현대사를 탐구하는 일은 우리 삶을 지탱하는 기둥 하나를 굳건하게 만드는 일과 다를 바가 없습니다.

　　동학농민혁명기념재단에서 만난 이이화 선생님은 일흔 중반이
되어 가는 나이에도 믿기지 않을 만큼 젊어 보였습니다. 재단 이사
장이기도 한 그는 겸직하고 있는 다른 직책들도 있습니다. 모두 역
사 현장과 관련이 있습니다. 오랫동안 역사 기행의 인기 강사이기도
했던 선생은 예나 지금이나 여전히 발로 뛰는 현장 역사가였습니다.

　　무엇보다 쩌렁쩌렁 울리는 그의 목소리에서 나이를 잊게 합니
다. 선생은 늘 젊은 사람들과 이야기하기를 즐긴다고 합니다. 그건
이이화 선생님이 늘 배움의 한가운데 있기 때문은 아닐까 생각해
보았습니다. 그에게 가장 먼저 물을 수밖에 없었던 것은 "역사란
무엇인가?"였습니다.

　　"역사는 실은 지난 이야기죠. 내가 역사책을 쓰면서 이야기라는
말을 많이 썼더니, 그 뒤로 이야기를 붙인 제목들이 많이 보이더군

요. 맞습니다. 역사는 이야기입니다. 그것도 할아버지 할머니들이 살아온 이야기랍니다. 우리 인간이 살아온 이야기고요.

인류문명은 오랜 과정을 거쳐 발달해 왔는데, 살아온 단계가 사회라든가, 개인이라든가, 국가라든가, 민족이라든가 다 다르니 나름대로 할 이야기가 다 있는 것입니다. 그런 이야기를 어떻게 풀어 갈지 고민하게 되는 거죠.

나의 경우 민족사와 민중사와 생활사를 많이 얘기했습니다. 이건 이론적인 것이 아닙니다. 우리 민족이 얼마나 복잡한 단계를 지나왔는가, 그 과정에는 민중들이 또 어떻게 살았는가를 그대로 보여 주는 것입니다.

이런 얘기를 할아버지나 할머니의 옛날이야기처럼 여러분들에게 들려주는 것이 내 목표입니다. 어렸을 때 할아버지 무릎을 베고 들었던 이야기에서 우리는 꿈도 꾸고, 겁도 내고, 교훈도 얻지 않았습니까? 이걸 여러분들 정서에 맞춰서 얘기를 풀어 가는 것입니다."

이이화 선생님은 역사 연구에 있어 늘 현장성을 강조했습니다. 「전봉준과 동학농민전쟁」은 그가 수없이 꼼꼼하게 현장과 사람들을 답사한 결과물이었습니다. 청소년들에게 꼭 가 보라고 권해 줄 만한 역사 답사지를 부탁드렸습니다.

"어릴 때부터 많은 지역을 돌아다녔습니다. 우리 아버지 때문에도 그랬고, 또 자발적인 기벽에도 기인합니다. 그렇다고 돌아다니는 데 특별히 목적을 가지지는 않았습니다. 가는 곳마다 자연히 역사의 흔적을 만났고 사람들의 정서를 마음으로 느꼈습니다. 이렇게 돌아다닌 게 나중에 역사를 연구하는 데 굉장히 도움이 많이 되었습니다. 그러니 어디를 가 보라는 건 그렇게 중요한 게 아닙니다.

이보다 중요한 것은 자신의 관심 분야입니다. 역사에서 관심이 생기는 부분을 발견하는 게 먼저입니다. 나는 전봉준에 관심이 많았기 때문에 그의 태생지부터 활동 지역까지 꼼꼼하게 다닐 수 있었습니다. 가령 여러분이 조선시대 노비나 백정에 대해 관심이 있다고 해 봅시다. 그러면 지금은 없어졌더라도 전의 노비 마을, 백정 마을이 있던 자리를 가 보세요. 그 자리에 서 있는 것만으로도 얼마든지 그들이 겪었던 고통을 느낄 수 있습니다.

그렇게 되면 자연히 1920년대 백정들이 신분 해방을 위해 전개

했던 형평 운동의 지역들, 전주, 이리, 익산 같은 곳으로 발걸음을 떼게 될 것입니다. 백정에 대한 관심이 백정 문제에 대한 관심으로, 신분 차별의 문제로 점점 인식의 지평을 넓혀 가게 될 것입니다. 칠십이 넘은 노인이 콕 집어서 여기저기 가 보라는 건 오히려 독단에 다름 아닐 것입니다."

그는 십대 중반에 가출해 고아원을 전전하고 여관 사환으로 일하며 고학으로 학교를 다녔습니다. 험난했던 십대와 그 경험의 가치에 대해 알고 싶었습니다.

"아버지 야산 이달 선생은 전형적인 옛날 선비였습니다. 보통 꼬장꼬장한 분이 아니었죠. 그분에 비하면 나는 아주 순한 편이에요. 한학을 하신 아버지는 날 학교에 보내 주지 않았어요. 친구들은 학교에서 신학문을 배우는데 나는 만날 아버지 밑에서 한문 공부만 했습니다. 그때 아버지는 나를 한학자로 키울 계획을 가지고 있었던 것 같습니다. 그런데 나는 또래들이 배우는 공부를 하고 싶었어요. 아버지를 배반하는 것 같아 마음이 아팠지만 결국 가출을 하고 말았습니다. 다른 공부를 하려면 그 수밖에는 없었으니까요.

그때가 전쟁 직후였는데 부산에 도착했지만 갈 데가 없었습니다. 그래서 고아원엘 갔어요. 고아 행세를 하고 말입니다. 고아가 아니면 받아 주질 않았으니까요. 고아 행세를 하느라 거짓말을 얼마나 많이 했겠어요. 그리고 부모가 멀쩡하게 살아 계시는데 돌아가셨다고 하려니 마음이 얼마나 아팠겠어요.

고아원은 그야말로 아수라장이었습니다. 깡패, 쓰리꾼(소매치기), 거지, 온갖 잡동사니 녀석들이 다 모인 곳이었습니다. 그러면 나이 먹은 형들이 꼭 가르치는 게 두 가지 있습니다. 물건 훔치는 거랑 구걸하는 것이죠.

그런데 나는 아이들 다 하는 그런 짓에 빠지지 않았습니다. 남의 물건에 손대 본 적 없고 거지 짓도 해 본 적 없었습니다. 구걸을 하면 밥을 얻어먹을 수 있었지만 일주일을 꼬박 굶고도 그런 짓은 하지 않았어요. 그게 다 아버지 교육 덕분이라고 생각해요.

그때가 참 견디기 힘들었던 것 같아요. 십대 중반이었으니 식욕이 얼마나 왕성했겠어요. 고아 행세를 하는 것도 마찬가지고요. 그때를 잊을 수 없습니다. 역설적으로 이때 힘든 시절을 보낸 게 늘 힘이 되었어요. 부정한 짓 하지 않고 불의랑 타협하지 않을 수 있도록 나를 지켜 준 힘이 되었던 것이죠."

10년 동안 한국통사 『한국사 이야기』를 집필하면서 있었던 에피소드가 궁금했습니다.

"시민들이나 학생들과 역사 기행을 많이 다니면서 역사 대중화가 얼마나 소중한지를 알게 되었습니다. 『한국사 이야기』는 이때의 소중한 경험을 절실하게 받아들이고 발전시킨 결과물일 것입니다. 애초부터 10년 동안 24권에 이르는 원고를 집필할 계획을 가지고 장수 산골로 들어갔습니다. 그때는 PC를 다룰 줄 몰라 아들에게 배우기도 했습니다.

컴퓨터를 잘 다루지 못하는 데다 툭하면 전기가 나가 애를 많이 먹었습니다. 방에서는 개미, 작은 벌레들과 늘 함께 살았습니다. 겨울에는 어찌나 추운지 가족이 내려오면 하룻밤을 버티지 못하고 서울로 내뺐습니다.

산골로 들어가면서 두 가지 원칙을 세웠습니다. 하나는 집필이 끝날 때까지 서울 집으로 돌아가지 않는다. 둘째는 절대 집필하는 방에는 사람을 들이지 않는다. 사람을 좋아하는 편이라 사람들이 날 만나러 오는 것도 막아야 했고, 내가 사람 만나는 일도 자제해야 했습니다.

다들 일 년도 못 버틸 거라고 했습니다. 외로워서라도 못 버틸 거라고 했습니다. 그런데 4년을 버텼습니다. 4년 뒤에 올라오게 된 것도 자료 때문이었습니다. 조선시대를 다루기 시작하면서 필요한 자료가 방대해졌고 집으로 돌아가지 않으면 안 되었습니다. 아치울 집 지하실에 집필실을 만들고 다시 틀어박혔습니다.

막바지로 접어들면서 건강에도 이상이 생겼습니다. 머리가 아픈 일이 잦아졌는데, 이때는 휘적휘적 답사를 다녀오는 일로 버틸 만했습니다. 팔목과 어깨의 통증이 반복되는 것은 소위 컴퓨터 병이라고 하는 것이었습니다. 이때는 병원을 들락거리면서 강행군을 해야 했습니다. 며칠 집필을 하면 어김없이 팔다리가 아파 병원 신세를 졌고 이게 일상적으로 반복되었습니다.

그렇게 10년을 꼬박 『한국사 이야기』를 쓰며 보냈고 전권 22권이 출간되었지만 여전히 부족한 게 많이 보입니다. 반성을 많이 하게 됩니다."

마지막으로 역사의 구체적인 단면을 한 켜 꺼내 보았습니다. 일제 식민지의 정체가 대부분 드러났음에도 불구하고 왜곡된 역사 인식에 사로잡힌 소수 사람들이 있습니다. 그중 대표적인 것이 일제가 식민지 당시 한국을 근대화시켰다는 오류입니다. 더 심각한 것은 이렇게 왜곡된 인식을 누군가 악의적으로 차용할 때입니다. 이이화 선생님은 간단한 예를 들어 설명해 주셨습니다.

"식민지 당시 일제는 호남평야에다가 농장을 많이 건설해 놓고 사람들(노동자)을 소작인처럼 부려 먹었습니다. 차이는 좀 있지만 그 시스템은 유럽의 봉건제 영지 운영과 비슷한 것이었습니다. 그들은 농장이 있는 옥구에 개정병원을 만들기도 했어요. 노동자들이 계속 죽어 나가고 있었거든요.

여름에는 학질이나 돌림병이 많이 돌았어요. 노동력 착취도 심했고요. 그들은 병원을 차려 놓고 병에 걸려 죽어 가는 노동자들을 살렸습니다. 그러면 그게 노동자들을 위해 살려 준 거라고 할 수 있을까요? 그건 마치 돼지를 사육할 때 좀 더 살을 찌워 잡아먹기 위해 먹이를 많이 주는 것과 다를 바가 없는 것입니다.

미국에서도 노예제도가 횡행할 때 병원이 많이 세워졌어요. 당시 노예는 재산이었으므로 노예가 죽으면 부가 상실되는 것과 같았습니다. 노예를 살리기 위해 병원을 지었던 것입니다. 그런데 그걸 노예를 위해 병원을 지었다고 하지는 않습니다. 재산이 사라지는 것을 막기 위한 것이었으니까요.

이렇게 개량적인 현상만으로 진실을 왜곡하는 것은 인간을 돼지 취급하는 농장 사육자의 시각과 다를 게 없어요. 이런 일이 일어나는 것은 역사를 지배 도구로 삼으려고 하는 부류가 있기 때문입니다.

역사를 지배 도구로 보는 것은 가장 천박한 역사 인식입니다. 이러한 역사관은 대체로 우월주의적인 역사관을 가지고 있으며 늘 과거로 회귀하는 악순환을 밟게 됩니다. 인종적으로 우월하다거나, 우월한 민족이라든가, 경제적으로 우월하다는 인식은 이미 전근대적인 역사 인식으로 판명이 났습니다. 군사정권, 개발독재 등 많은 인권 탄압의 역사를 거쳐 온 우리나라에는 더 이상 적용할 수 없습니다.

이처럼 우리 국민의 역사 인식은 미래 지향적인 인권의 역사로 들어섰는데, 지배 권력이 지난 시대의 후진적 역사관을 고집한다면 결코 충돌을 피할 수 없게 됩니다. 여기에 우리 청소년들이 배워야 할 중요한 역사적 교훈이 있습니다."

꿈에는 시효가 없다

인간의 삶은 시간과 공간을 벗어나서는 더 이상 영위될 수 없습니다. 이 말은 완벽한 진실일까요? 놀랍게도 삶을 살아가는 우리는 전혀 그렇지 않다는 걸 알고 있습니다. 시간과 공간에만 갇혀 사는 것, 그것이야말로 커다란 고역이 아닐까 자문할 것입니다.

그렇다면 삶이 영위되는 또 다른 영역이 존재하는 것일까요? 존재한다기보다는 필요한 영역일 것입니다. 없다면 고통이 되는 영역, 그 영역을 우리는 꿈이라고 부릅니다.

꿈은 당장 여기 없더라도 그것이 존재하지 않는다고 말하지 않습니다. 무슨 꿈이든 이루는 게 불가능하다고 말하지도 않습니다. 꿈에 유효기간이 있다는 얘기는 들어 본 적이 없습니다. 꿈에 무게를 달거나 크기를 재는 짓은 어리석다고 합니다. 모든 꿈은 평등한 가치를 가지니까 말입니다. 꿈은 사라짐 없이 어딘가에 고스란히 남아 있게 마련입니다. 우리가 가장 오래 사랑할 수 있는 것이 있다면 그건 역시 꿈일 것입니다.

이처럼 꿈을 자유자재로 부릴 줄 아는 사람을 우리는 몽상가 혹은 마술사라고 부릅니다. 2008년 7월 25일, 세상에서 꿈의 대가라고 할 수 있는 젊은 마술사의 마지막 쇼가 있었습니다. 그는 자신을 연기처럼 스스로 사라지게 만들었고 그 자리에 꿈의 실체를 남기는 마술을 부렸습니다.

그래서인지 그가 사라지고 난 뒤에 더 많은 사람들이 새롭게 꿈을 꾸게 되었습니다. 아무리 사소한 꿈이라도 소중하다는 걸 깨닫게 되었습니다. 더 이상 막연하지 않게 구체적으로 꿈을 그리게 되었습니다. 그리고 생의 마지막까지 놓아선 안 되는 게 꿈이라는 것도 알았습니다. 그는 사라진 게 아니라 오히려 더 많은 사람들에게 꿈처럼 남았습니다.

우리는 그를 '꿈의 마술사'라고 부릅니다. 랜디 포시는 세상을 뜨기 몇 달 전에 70여 분 동안 진행한 강의, '당신의 어릴 적 꿈을 진짜로 이루기'를 남겼습니다. 강의의 내용을 포함한 꿈의 마술이 담긴 교본의 제목은 『마지막 강의』였습니다.

짧은 생애 동안 어떤 이는 한 분야의 지축을 흔들어 버리는 업적을 남기기도 합니다. 우리는 그런 사람을 요절한 천재라며 기립니다. 어떻게 이른 나이에 그런 대단한 일을 할 수 있었는지, 불가사의한 삶이 시간이 흘러도 회자됩니다. 때로는 단 몇 작품의 예술작품을 남기고도 지금까지 이름이 알려진 사람들도 있습니다. 그렇게 집약해 버린 삶들이 세상에 남겨진 것들로 위대해지곤 합니다.

랜디 포시의 삶은 역사에 남을 업적을 다루기엔 미완인지는 몰라도 꿈에 대해서라면 그 누구보다 완성된 사람이었습니다. 그는 47세밖에 되지 않았는데 죽음을 선고받았습니다. 의학적인 진단은 췌장암이었습니다.

그는 20여 년 동안 대학 강단에서 학생들을 가르쳤습니다. 미국의 명문 카네기멜론 대학의 종신교수가 되었고, 사랑스러운 여인을 만나 결혼을 했고, 세 아이의 아버지가 되었지만 암은 숨 쉴 틈을 주지 않고 그의 몸 구석구석까지 세포를 키웠습니다. 그리고는 일방적으로 3개월에서 길어야 6개월 동안만 그가 세상의 시간을 갖도록 허락했습니다.

우리가 삶의 손길을 잘 느끼지 못하는 데는 삶이 끝나는 시간을 알지 못하는 탓도 큽니다. 무엇보다 우리가 그것을 알길 원하지 않습니다. 암이라는 병이 무서운 것은 알고 싶지 않은 삶의 진실을 시간으로 알려 준다는 것입니다. 결코 도망갈 수 없는 조건의 틀에 가두어 버리죠.

아직 우리가 경험해 보지 못했지만 너무도 자주 보고 들어 왔기 때문에 암으로부터 일어나는 대부분의 상황을 예상할 수 있습니다. 거기엔 슬픔과 고통과 이별이 순서를 기다린다는 걸 말입니다.

그는 으레 찾아오는 순서에 자신을 낭비하는 대신 자신에게 허락된 시간을 고스란히 받아들이기로 합니다. 그 시간만큼의 삶을 감사하게 여기기로 한 것이지요. 슬프지만, 너무도 고통스럽지만 살아 내기로 하였습니다. 그는 얼마 남지 않은 시간 동안 이루기를 소망한 몇 가지 꿈의 목록을 만들었습니다.

그가 마지막까지 이루고 싶었던 꿈들 중 하나는 더 이상 여섯 살, 네 살, 두 살의 아버지가 될 수 없겠지만 아이들에게 그 이상의 아버지가 되고 싶다는 것이었습니다.

또 다른 꿈은 교육자로서의 열망이었습니다. 자신이 일반의 수명을 누린다면 만나 가르치게 될 학생들이 얼마나 많을까요? 아마도 수천, 수만 명에 이를 것입니다. 그는 더 많은 사람들에게 강의를 하고 싶었습니다.

그는 어릴 적 꿈을 많이 이루었지만 여전히 이루지 못한 꿈이 남아 있었습니다.

"NFL 선수 되어 보기!"

병원 신세를 지게 된 그에겐 너무도 요원해 보이는 꿈이었습니다. 그런데 그때 마침 몸담았던 학교로부터 학교를 떠나는 교수에게만 자격이 주어지는 강의를 요청받게 되었습니다. 퇴임하는 교수에겐 참 명예스러운 강의라고 할 수 있었습니다. 그러나 그는 학교를 떠나는 것이 아니라 세상을 떠날 예정이었으므로 강의를 받아들이는 것 자체가 커다란 아픔일 수 있었습니다.

아내의 반대에도 불구하고 그는 강의를 수락했습니다. 그에겐 마지막 강의였습니다. 이 강의로 그는 마지막 꿈들마저 모두 이루어 내고 맙니다.

그의 아이들이 성장한 뒤에 이 강의에 담긴 메시지가 곧 아버지임을 알 수 있게 될 것이므로 그는 다 못한 아버지의 책무를 수행할 수 있었습니다.

이 강의는 각국의 언어로 번역되어 인터넷을
통해 퍼져 나가 수천만 명의 사람들이 보고 들었
습니다. 그가 일반 강의에서 만나게 될 학생들의
수와 비교할 수 없을 만큼 많은 사람들입니다. 그는
단 한 번의 강의로 평생 만나야 할 몇 백 배의 사람들을 모두 만난
셈입니다. 그리고 그는 마침내 NFL 최고의 선수인 하인스 워드와
함께 운동장에서 쿼터백으로 뛰어 보는 꿈을 이루었습니다.

그의 꿈 이야기는 많은 사람들에게 영감을 주었습니다. 마술이
인간에게 가능하지 않은 것이 이루어지는 놀라움을 선사하듯 그의
강의도 그러했습니다. 시간의 위력을 무색하게 만들어 버린 꿈의
행진은 그가 죽는 날까지 계속되었습니다.

오프라 윈프리가 진행하는 쇼에 초대받게 된 것 역시 마술 같은
일이었습니다. 많은 언론 매체들이 그의 꿈 이야기를 다루었습니
다. 이 역시 마술 같은 일이었습니다. 죽어 가는 한 사내의 투병기
를 구구절절 다룬 것이 아니라 꿈과 앞으로의 삶에 대한 이야기를
극찬한 것입니다. 그가 뿌린 꿈의 바이러스로 세상이 온통 감염된
것만 같은 일이 벌어진 것입니다.

그의 책 『마지막 강의』는 세계 각국에 소개되었고, 미국에서도 그랬듯이 한국에서도 베스트셀러가 되었습니다. 죽음이 얼마 남지 않은 그가 미국에서 가장 영향력 있는 100인에 선정되기도 했습니다.

그가 암으로부터 허락받은 시간 동안 한 일, 이루어 낸 꿈을 계산해 본다면 꿈과 시간의 관계가 산술적이지 않다는 걸 알 수 있습니다. 거꾸로 놓고 보면 더욱 선명해지지요. 그가 아버지로서의 꿈과 선생님으로서의 꿈과 어릴 적 못 이룬 꿈을 적어 놓고 이걸 이루는 데 얼마나 많은 시간이 필요할지 생각해 보세요.

아이들이 평생 동안 아버지의 말을 들을 수 있게 하고 싶다.
수천만 명의 사람들이 나의 강의를 들을 수 있도록 하고 싶다.
NFL 최고의 선수와 운동장에서 뛰어 보고 싶다.

꿈의 목록만 보고서는 10년, 20년, 30년, 그 이상의 시간이 요구된다고 생각할 것입니다. 그러나 그는 단 몇 달 동안 이 모든 일을 해냈습니다. 그가 이런 일을 할 수 있었던 것은 단순히 우연 때문도 아니었고, 암환자에게 부여된 동정 때문도 아니었습니다. 그는 오래전부터 꿈의 마술사였습니다. 꿈의 법칙을 잘 알았던 전문가였습니다. 그는 꿈과 시간 사이에 숨어 있는 놀라운 법칙들을 우리에게 남긴 것입니다.

꿈은 그 어떤 시간의 이름으로도 막을 수 없다는 것을요. 이제 우리는 그가 남긴 꿈과 시간의 비밀들에 대해 듣게 될 것입니다.

꿈과 시간의 법칙

불시성의 법칙 _ 어느 날 갑자기 꿈을 만난다면?

카네기멜론 대학에서 학생들과 함께 가상현실 프로젝트를 진행할 때였습니다. 랜디 포시는 우연히 미 항공우주국(NASA)의 프로그램을 알게 되었습니다. 대학생들에게 실험 실습을 위해 무중력 비행기에 탑승을 허락해 준다는 것입니다.

"무중력 상태에 있어 보기!"

우주비행선 아폴로의 달 착륙 이후 늘 품어 왔던 그의 어릴 적 꿈이 되살아나는 순간이었습니다.

그건 초등학교 때로 거슬러 갈 만큼 오래된 꿈이었습니다. 또래들이 다들 우주비행사를 꿈꿀 때 그는 안경을 낀 자신이 우주비행사가 될 수는 없을 것이라고 포기했었죠. 대신 가능한 꿈을 꾸었습니다. 무중력 상태로 둥둥 떠 있어 보는 것이었습니다. 그거라면 꼭 한 번 이뤄 보고 싶었습니다.

그리고 세월이 많이 흐른 뒤에 그는 실제로 우주비행사가 되지는 못했습니다. 그는 컴퓨터공학자가 되었고, 학생들을 가르치게 되었습니다. 그러나 이 프로그램을 발견하면서 어릴 적 무중력 유영의 꿈을 이룰 절호의 찬스가 왔다는 걸 직감했습니다. 미 항공우주국의 프로그램은 그야말로 그의 꿈을 실현시키기 위해 존재하는 것처럼 보였습니다.

그는 당장 가상현실 프로젝트를 구실 삼아 무중력 우주선 탑승 프로그램에 신청했습니다. 답변은 가능하다는 것이었습니다. 그런데 문제가 있었습니다. 지도교수는 학생들과 함께 탑승할 수 없다는 조건이 붙어 있었습니다.

꿈의 마술사였던 랜디 포시는 이 정도 장벽에 주저앉지 않았습니다. 그는 안 되는 조건을 풀려고 하지 않고 가능한 방법을 연구했습니다. 마침내 미 항공우주국을 홍보해 주는 지역 신문사의 기자 자격으로는 탑승이 가능하다는 조항을 찾아낸 것입니다. 그는 이 프로그램의 담당자에게 전화를 걸어 이렇게 말했습니다.

"지금 팩스로 두 장의 문서를 보낼 것입니다. 하나는 탑승이 안 되는 지도교수직 사퇴서, 하나는 이제 갓 기자가 되는 저의 탑승 신청서입니다."

프로그램 관계자는 이 말이 무엇인지 잘 알았고 그의 열망을 충분히 이해했습니다. 지도교수직을 사퇴하지 않고도 탑승하는 대신 학생들이 경험한 성과물을 주요 신문사에 보내 주기로 약속했습니다. 그리하여 그는 어릴 적 꿈꾸었던 놀라운 경험을 이룰 수 있었습니다.

꿈을 이룰 기회는 이처럼 갑자기 들이닥치는 예가 흔합니다. 그러나 거기에 딸려 있는 조그만 장벽들이 웬만한 꿈들도 너무 멀어 보이게 하는 것 같습니다.

지금 잡지 않으면 놓칠지도 모르는 꿈이지만 지금

은 때가 아니라고 포기할지도 모릅니다. 조금 더 준비하는 게 좋겠다며 물러서기도 합니다. 하지만 우리는 꿈이란 늘 이처럼 불시에 닥친다는 것을 알고 있습니다. 거기엔 단숨에 이루지 못하도록 늘 작은 장벽들이 함께 걸쳐지게 마련이고요.

우리가 나중에 꿈과 만나게 된다면 명심해야 합니다. 꿈에는 울타리처럼 분명 장벽이 있을 것이고, 그것이야말로 꿈의 속성이라는 걸 말입니다. 그건 밤을 먹으려면 약간의 수고를 들여 가시 껍질을 벗겨 내야 한다는 것과 같다는 걸 말입니다. 그 밤송이는 숲길을 걷는데 저절로 떨어져 내 발 앞에 뒹구는 것일 테지요.

영원성의 법칙 _ 꿈에는 시효가 없다

디즈니랜드를 처음 가 보았던 여덟 살 그때부터였습니다. 랜디 포시는 이 놀이공원에서 자신도 근사한 것들을 만들어 보고 싶었습니다.

대학에서 컴퓨터공학을 전공하고 박사과정을 마쳤을 때 그는 곧장 디즈니랜드로 걸어갔습니다. 그리고는 문 앞에 새겨 놓은 꿈을 두드렸습니다. 너무도 기다려 왔고 꼭 일하게 될 것이라고 자신했습니다. 그래서 입사 거절은 충격이었습니다.

그가 지원한 분야는 월트디즈니 이매지니어링이었습니다. 그러나 거기는 좀 힘들고 청소부라도 괜찮겠냐고 했다면 그것도 마다하지 않았을 것입니다. 그만큼 월트디즈니에서 일하는 자신의 모습이 너무도 간절했으니까요.

대신 그는 교수가 되었습니다. 가상현실 시스템 개발에 참여하고 있었습니다. 월트디즈니는 한때 치기 어린 꿈으로 남아도 좋을 것입니다. 우주비행사가 되고 싶었던 수많은 어린이들의 꿈처럼 말이죠. 어릴 적 추억으로 남겨지는 것도 나쁘지는 않으니까요. 대부분의 사람들은 그렇게 살아간답니다.

랜디 포시는 물론 달랐습니다. 그는 월트디즈니에 대한 관심을 버리지 않았습니다. 이 회사가 자신을 빼놓고 어떻게 굴러가는지 늘 주시해 왔습니다. 그리고 마침내 알아냈습니다. 그토록 일하고 싶었던 이매지니어링 부서에서 가상현실 프로젝트를 진행하고 있다는 것을요.

그는 월트디즈니 사를 찾아갔습니다. 가상현실 분야의 전문성을 유감없이 발휘하기 위해 특별히 준비를 한 것은 물론이고요.

담당자는 제 발로 찾아온 이 분야 전문가의 지식 수준에 깜짝 놀랄 정도였습니다. 랜디 포시는 이렇게 말하는 것으로 모든 것을 결정지었습니다.

"곧 안식년 휴가를 얻게 될 것입니다."

한때는 입사지원서를 내고 가슴을 졸였다가 떨어진 뒤엔 실망이 컸었죠. 이젠 부서의 간부를 직접 만나 "한 일 년쯤 대학에서 쉴 것 같으니 함께 일을 좀 해 볼까요?" 하는 뉘앙스만 비치는 것으로 입사가 결정되었습니다.

물론 당연히 장벽이 있었습니다. 대학에서는 그의 지식은 학교의 지식인데 그게 기업으로 유출될 가능성이 있다며 반대했습니다. 랜디 포시에게 그 정도 벽쯤은 충분히 넘을 수 있었습니다. 더 많은 학장들을 설득함으로써 그는 장벽을 넘었고, 여덟 살에 처음 품었던 꿈을 이룰 수 있었습니다. 무려 35년 만이었습니다.

프랑스의 가장 유명한 우체부 페르디낭 슈발도 그랬습니다. 그는 젊은 시절부터 자신만의 궁전을 꿈꾸었습니다. 비록 편지를 배달하는 일을 수십 년 동안 해 오고 있었지만 그는 상상 속에서 꿈의 궁전을 설계하는 일을 쉬지 않았습니다.

그리고 마흔세 살이 되었을 때 돌을 하나하나 쌓기 시작했습니다. 누구도 그 돌들이 성이 될 거라고는 믿지 않았습니다. 그는 아랑곳없이 돌을 계속 쌓아 나갔고, 33년이 흐른 뒤에 꿈의 궁전이 완성되었습니다.

유명한 작가이자 문화부 장관이었던 앙드레 말로는 그의 성을 프랑스의 문화재로 지정했습니다. 앙드레 말로는 꿈에 관한 명언을 남기기도 했습니다.

"오랫동안 꿈을 간직한 사람은 마침내 그 꿈을 닮아 갑니다."

꿈에는 이처럼 시효가 없습니다. 꿈을 버리지만 않는다면 언젠가 꿈과 반드시 마주치게 될 것입니다. 그것도 우연히 말이지요. 실은 우연을 가장한 필연일 것입니다.

지금 내가 꿈꾸는 장면을 매일 되새겨 보세요. 그게 어떤 꿈이라도 문제 될 게 없습니다. 어떤 식으로든 꿈과 부딪힐 것입니다. 한때 내가 사랑했던 꿈으로 스쳐 보내지 않으려면, 반갑게 끌어안으려면 절대 꿈을 손에서 놓치지 마세요. 꿈을 이루는 데는 시효가 없습니다.

반복성의 법칙 _ 꿈은 얼마나 큰가보다 얼마나 자주 꾸는가가 중요하다

꿈에 대한 가장 심각한 착각은 꿈과 장래희망을 혼동하는 것입니다. 어렸을 적 꿈이 대부분 직업의 이름이었다는 걸 보면 틀린 말이 아닙니다.

의사나 과학자, 판사가 꿈이 되는 순간부터 그건 꿈이 아니라 지독한 현실이 되는 것입니다. 누구에게나 알려진 코스를 밟기 위해 실은 많은 꿈을 버려야 할 테니까요.

꿈은 상상의 영역에서 자라나야 하는데 그런 꿈은 현실이라는 온실에서 키우는 격입니다. 그러다 보면 정작 꿈이 펼쳐질 무대에서는 너무도 나약한 화초처럼 시들고 말 게 틀림없습니다. 꿈은 야생의 바닥을 뒹굴면서 구체적인 형상을 갖추게 됩니다. 꿈은 완성된 모양이 있는 게 아니라 바람과 비를 맞고 자라면서 뻗고 싶은 모양대로 뻗어 나가는 나무와 같습니다. 그것도 하나의 과일, 하나의 꽃만 열리는 단일 수종이 아니라 수백 개 다른 모양, 성질의 꽃과 열매가 달리는 기상천외한 나무입니다.

랜디 포시 교수의 꿈은 과학자나 교수가 아니었습니다. 그의 꿈은 이런 것들이었습니다.

무중력 상태에 있어 보기, NFL 선수 되기, 『세계백과사전』에 내가 쓴 항목이 등재되도록 하기, 커크 선장 되기, 봉제 동물인형 따기, 디즈니의 이매지니어 되기.

이 꿈들을 그는 모두 이루었습니다. 가르치는 학생들과 함께 신나는 무중력 상태를 체험했고, 죽기 얼마 전에는 NFL 최고의 선수와 한 운동장에서 뛰었고, 그가 쓴 가상현실에 대한 항목이 『세계백과사전』에 등재되어 있고, 유명한 TV 시리즈 〈스타트렉〉에서 커크 선장 역할을 했던 소년 시절의 우상 윌리엄 섀트너를 실제로 만났으며, 가족조차도 믿지 않았지만 자신보다 큰 곰 인형을 고리던지기로 따냈고, 월트디즈니 사에서 이매지니어로 일했습니다.

이 꿈들은 제각각 이루어진 것처럼 보이지만 실은 하나의 꿈이 이루어지면서 또 다른 꿈을 연결해 준 것이었습니다. 여기 소개된 어릴 적 꿈들은 또 다른 꿈들을 파생시키기도 했습니다. 윌리엄 섀트너를 만나기까지 그는 늘 선장의 리더십을 꿈꿔 왔고, 강단에 섰을 때 학생들에게 캡틴으로 불렸습니다. 그리고 마침내 실제 주인공까지 만날 수 있었습니다.

월트디즈니 사의 이매지니어가 되기 위해 컴퓨터공학을 전공했지만 정작 그의 가상현실 분야가 그 꿈을 이루게 해 주었습니다. 물론 무중력 상태가 되어 보는 꿈도 이 분야를 통해 이루었습니다.

탐험가로 유명한 존 고다드는 열일곱 살이 되던 해 어느 날 꿈의 목록을 적기 시작합니다. 이집트의 나일 강 탐험하기, 오스트레일리아의 원시문화 답사하기, 에베레스트 산 올라 보기, 전 세계 모든 나라 여행하기, 비행기 조종술 배우기, 이과수 폭포 촬영하기, 홍해 수중 탐험하기, 잠수함에서 다이빙하기, 발리 섬의 장례 의식 참관하기, 「내셔널 지오그래픽」에 기사 쓰기, 『브리태니커 백과서전』 전 권 읽기까지 무려 127가지나 되었습니다. 그중 111가지를 이루었고 파생된 꿈 500가지를 더 이루어 냈습니다.

그는 꿈이란 '인생을 풍요롭게 해 주는 것' 이라고 정의 내렸습니다. 그 꿈의 무게가 얼마나 무거운지, 얼마나 값비싼 것인지는 중요하지 않은 셈입니다. 그가 말하는 풍요로움이란 '인생을 살아가기 위해 필요한 가치와 사람, 정보, 지식, 경험들' 이니까요.

랜디 포시나 존 고다드는 그런 면에서 가장 풍요로운 사람들이라고 할 수 있습니다.

삼투성의 법칙 _ 꿈은 다음 세대로 흐른다

우리가 예전엔 상상도 할 수 없었던 혜택을 지금 누리고 있다면 그건 그 당시 누군가의 꿈이었을 가능성이 크다고 합니다. 비행기가 라이트 형제의 꿈이었고, 인간을 달에 보낼 수 있었던 로켓, 새턴이 베르너 폰 브라운의 꿈이었듯 말입니다.

그러나 라이트 형제든 베르너 폰 브라운이든 그들의 꿈은 그 전부터 진행되고 있었습니다. 한 사람의 비행 연구가와 한 사람의 무명 과학자로부터 말입니다.

독일사람 릴리엔탈은 어려서부터 새의 비행에 유난히 관심이 많았습니다. 그때 그는 사람도 새처럼 날 수 있을 것이라는 꿈을 가지게 되었습니다. 유인 글라이더가 그의 손에서 최초로 발명되었습니다. 비행기 역사에서 그는 첫발을 디딘 한 사람으로 기록되어 있습니다.

그가 새로운 글라이더 비행 중 추락사했을 때 가장 가슴 아파했던 사람이 자전거 수리공이었던 라이트 형제였습니다. 그들에게 릴리엔탈은 하늘을 나는 영웅이었습니다. 그가 조금씩 높이 멀리 날아오를 때마다 열광했습니다. 그들이 비행기 발명에 본격적으로 뛰어든 것은 릴리엔탈의 죽음에 크게 자극받았기 때문입니다.

베르너 폰 브라운은 미국 우주 계획의 중심에 서 있었던 과학자였습니다. 달 착륙 우주선 아폴로 11호의 추진 로켓을 개발하여 마침내 인간을 달에 보내는 데 성공했습니다.

수많은 사람들이 이 꿈 같은 일을 TV로 목격할 수 있었습니다. 물론 브라운 박사의 꿈이기도 했지만, 그의 꿈은 어렸을 적 읽었던 로켓에 관한 책으로부터 비롯되었습니다. 독일의 한 과학자가 쓴 『로켓, 우주 공간 속으로』는 과학적인 근거가 떨어져 공상과학소설 수준이었습니다. 그러나 베르너 폰 브라운은 이 책을 통해 로켓을 타고 달에 도착하는 인간의 꿈을 키울 수 있었습니다.

1993년 랜디 포시 교수가 버지니아 대학의 연구 팀에서 일하고 있을 때 한 예술학도가 찾아왔습니다. 그는 〈스타워즈〉 영화의 다음 편 제작에 참여하고 싶은 꿈이 있었습니다. 그의 연구 팀에서 언젠가 참여하게 될 그 일을 준비하고 싶다는 것이었습니다.

아마도 랜디 포시가 아니었다면 멍청한 녀석 다 보겠다며 쫓아 버렸을 것입니다. 과학이라고는 쥐뿔도 모르는 예술 전공자가 이미 다 끝난 영화 시리즈 제작에 참여하고 싶다며 찾아왔으니 말이에요. 실제로 〈스타워즈〉 시리즈는 더 이상 영화화되지 않을 거라는 예상이 지배적이었습니다.

그러나 랜디 포시는 이 젊은이가 꿈을 이루는 데 소질이 있다는 걸 알게 되었습니다. 그는 꿈의 전문가였기 때문에 그의 꿈이 터무니없다고 구겨 버리지 않았습니다. 그는 이렇게 생각했습니다.

'나쁘지 않은 꿈이군.'

랜디 포시는 자신의 연구 팀에 이 희박한 꿈의 소유자를 합류시켰습니다. 그리고 그가 꿈을 이루도록 도와주려고 노력했습니다. 언제 제작될지도 모르고 그럴 가능성도 거의 없는데도 말입니다.

〈스타워즈〉 에피소드가 시리즈로 다시 제작된 것은 그로부터 5년 뒤였습니다. 청년은 감독이자 제작자인 조지 루카스가 설립한 회사에 입사했습니다. 기술 파트 팀장으로 세 편의 시리즈 제작에 모두 참여하며 이 청년은 자신의 꿈을 이루었습니다.

그는 이렇게 말했습니다.

"랜디 교수님이 아니었다면 나는 여기 있지 못했을 것입니다."

릴리엔탈이나 공상에 가까운 책을 쓴 무명 과학자나 랜디 포시는 그러니까 모두 꿈의 징검다리였습니다. 라이트 형제가, 베르너 폰 브라운이, 그리고 젊은 예술학도가 이 징검다리를 건너 꿈을 이루었습니다. 그리고 그들도 언젠가는 누군가에게 꿈의 징검다리 역할을 할 것입니다.

현재성의 법칙 _ 시간을 사랑하는 최고의 방법은 꿈꾸는 것이다

"우리에게 단 하루의 시간밖에 주어지지 않는다면 무엇을 하겠습니까?"

이런 질문이 얼마나 끔찍한지 이해하기란 쉽지 않습니다. "하루의 시간으로 무엇을 할 수 있다고 보세요?" 하고 반문할 수밖에 없을 것입니다. 하루의 시간이라니 말입니다. 랜디 포시는 당연하다는 듯이 이렇게 대답할 것입니다.

"꿈을 이루겠어요!"

그리고는 꿈의 목록을 적고, 꿈의 형상을 머리에 그리고, 꿈을 이루기 위해 나머지 시간을 쓸 것입니다. 하루밖에 시간이 없어 꿈을 이루지 못하더라도 그는 온전히 삶을 살았음을 기꺼워할 것입니다. 그에겐 삶과 꿈이 유리되어 있지 않기 때문입니다. 꿈을 이루기 위해 살아가는 것이 곧 삶이었으니까요.

그가 '마지막 강의'를 시작했을 때 사람들은 숙연해졌습니다. 이제 얼마 남지 않은 생을 앞두고 뒤를 돌아보며 가지는 정리의 시간, 이 자리는 그런 자리가 될 것 같았습니다. 어쩌면 죽음에 대한 단상들이 아닐까 생각하기도 했을 것입니다. 슬픈 이야기들을 참고 들어야 한다는 데 지레 몸이 무거워졌을지도 모릅니다.

그러나 그는 자신의 몸에 퍼진 종양의 개수를 세며 이런 몸임에도 불구하고 자신은 여전히 건재하다며 팔굽혀펴기를 해 보였습니다. 죽음을 코앞에 둔 사람의 행동이라고는 믿어지지 않았습니다. 그리고 이어진 그의 강의는 죽음의 이야기도, 정리의 시간도 아닌 미래의 시간들과 꿈에 대한 내용들이었습니다. 강의 제목도 당혹스러웠습니다.

'당신의 어릴 적 꿈을 진짜로 이루기'

그는 자신이 어떻게 어릴 적 많은 꿈들을 차근차근 이룰 수 있었는지 들려주었습니다. 그리고 장벽이 나타날 때마다 어떻게 대처했는지도 알려 주었습니다. 그에게 장벽은 '가로막기 위해서 나타나는 것이 아니라 절실하게 원하지 않는 사람을 걸러내기 위해' 존재하는 것이었습니다. 그러니까 절실하게 원하기만 한다면 장벽은 자신이 아닌 다른 사람을 멈추게 하려고 거기 있는 것이었습니다.

이 강의의 마지막 장은 랜디 포시가 남긴 꿈과 시간의 법칙입니다. 여기에는 지금 우리에게 시간이란 어떤 의미인지를 스스로 깨닫는 것이 그 어떤 교훈보다 중요하다는 의미가 있습니다.

이 강의의 시작 역시 랜디 포시로부터였습니다. 그는 대한민국이 자랑하는 멘토들을 하나의 원탁에 앉도록 만든 장본인입니다.

이 시간이 그의 마지막 강의처럼 일상보다 값진 몇 시간이 될 수 있다면, 그리고 여러분들의 삶을 조금이라도 변화시킬 수 있다면 이 책의 꿈은 이루어진 것입니다.

시간을 가장 사랑하는 방법은 랜디 포시처럼 매일매일 꿈을 꾸는 것입니다. 이 책의 주인공들은 알고 보면 모두 랜디 포시와 마찬가지로 꿈의 대가들입니다. 시간을 낭비하는 것은 곧 꿈을 낭비하는 것이듯이 꿈을 꾸지 않는 것은 시간을 버리는 것입니다. 오늘 여러분의 꿈은 무엇인가요?

위대한 멘토들에게 얻는
특별한 가르침

산악인 엄홍길, 기업인 안철수, 소프라노 조수미, 인문학자 이어령, 시민운동가 박원순, 과학자 김순권, 역사학자 이이화.

이들은 자신의 분야에서 놀라운 성취를 이뤄 내고, 분야의 경계마저 뛰어넘은 사람들입니다. 그들을 차례로 만나면서 공통된 특성을 발견하게 되었습니다.

무엇보다 그들은 현장주의자들이었습니다. 결핍을 결핍으로 받아들이지 않았습니다. 항상 책을 곁에 두고 있었고, 오랫동안 한 길을 파고들었습니다. 그런데도 영역을 뛰어넘는 창조성을 발휘했습니다. 지금부터 성공을 이룬 사람들에게 내재된 특성들을 소개하겠습니다.

경계를 허무는 창조력

엄홍길 휴먼재단의 상임이사 엄홍길 대장은 산악인이자 기후변화 현장탐험가이며 사회봉사가이기도 합니다. 안철수 카이스트 대학 석좌교수는 IT 기업가이면서 동시에 대학에서 강단에 서는 교수입니다. 김순권 옥수수재단 이사장은 과학자이면서 통일운동가로도 불립니다. 이어령 선생님은 시인, 사상가, 언론인, 문명비평가의 몫을 동시에 해내고 있습니다. 박원순 아름다운재단 상임이사는 변호사, 시민운동가, 기업 경영가로 활약하고 있습니다.

그들은 직업이라든가 소속된 분야를 뛰어넘어 새로운 영역을 창조하기도 합니다. 이어령 선생님은 문화기획자로도 불리고, 박원순 상임이사는 소셜 디자이너이며, 엄홍길 대장은 네팔 지역 봉사가입니다. 안철수 교수는 그동안 국내에 생소했던 기업가정신을 가르치고 있습니다. 이런 직함들은 전에는 존재하지 않았던 것들입니다.

특히 엄홍길 대장은 최종의 등정 기록을 히말라야 14좌로 한정하던 통념을 깨고 나머지 8,000미터 급 두 봉우리를 더 오름으로써

16좌 최초 등반이라는 위업을 달성했습니다. 그동안 누락되어 있던 두 봉우리는 엄홍길 대장이 오름으로써 다시 주목받게 되었습니다.

그들은 수십 년 동안 모두 한 길에 매진해 왔지만 경계에 얽매이지 않았습니다. 누구보다 전문적인 지식을 터득하고 그 지식을 활용해 가장 높은 경지를 성취해 낸 다음에는 스스로 자신의 분야를 확장시켜 경계 밖으로 밀어냈습니다.

우리는 하나의 직업, 하나의 분야에서 이처럼 전문가로 성장해 나갈 것입니다. 성공을 맛본 다음에는 경계를 만나게 될 것입니다. 그때 누군가는 경계 밖으로 한 발짝 더 나서며 이렇게 생각하게 될 것입니다.

"나의 열정과 노력을 쏟아부어 이 자리에 선 것은 바로 경계에 서기 위해서였다. 그건 전반기에 불과하다. 후반기는 바로 경계 밖으로 나가는 것이다."라고 말입니다. 우리 시대의 멘토들이 그랬습니다. 삶을 창조적으로 받아들인 결과입니다. 그래서 새로운 영역으로 도전하는 데 주저하지 않았던 것입니다.

우리가 처한 현실을 창조적인 공간으로 보기 시작하는 순간, 모든 것이 새롭게 다가올 것입니다. 보이는 대로만 보지 않으려고 노력할수록 겹겹이 닫혀 있던 벽이 무너지고, 이전엔 보이지 않았던 다양한 길이 그 입구를 내놓을 것입니다. 창조의 시작은 바로 '다르게 보기' 입니다.

결핍은 인생 최고의 선물

우리 시대의 멘토들을 만나면서 그들이 내 인생을 만든 최고의 순간으로 꼽은 시기가 의외였다는 것, 그리고 똑같았다는 데 놀람을 금할 수 없었습니다. 그들 삶의 중심이라고 할 만한 그 시기는 공간상으로 얘기하면 실은 가장 텅 빈 곳이었습니다.

결핍이 넓게 자리한 곳, 황무지처럼 아무것도 자랄 수 없는 곳, 그들은 거기 서 있었던 경험을 가슴 가장 깊은 곳에 간직하고 있었습니다. 공교롭게도 시기적으로 대부분 청소년기와 일치하고 있다는 것 역시 곱씹어 생각해 볼 부분입니다.

역사학자 이이화 선생님은 가출해 고아 행세를 하며 고아원에서 학업을 계속했습니다. 흔히 전쟁고아들이라고 하는 소년 소녀들과 함께 굶주림을 견뎌 내야 했습니다. 다른 아이들처럼 구걸하지 않고 인간의 품위를 지켜 내는 법도 그때 배웠습니다.

이어령 선생님은 식민지 시절 일본식 학교의 끔찍한 경험을 잊을 수 없습니다. 칼을 찬 선생님, 조선말 사용의 금지, 동요 대신 부르는 군가, 그 어떤 충족도 느낄 수 없었던 완전한 결핍의 교육 현장이었습니다.

김순권 옥수수박사는 고등학교 시험에 떨어지고 일 년간 아버지와 함께 농사를 지었습니다. 어린 나이에 맛본 쓰디쓴 불합격의 아픔을 땅에서 치유하였습니다. 하루 종일 쟁기질만 하던 그때의 농사 경험에서 평생의 원칙들을 만들었습니다. 무슨 일을 하게 되든 농민들에게 보탬이 되고, 농약을 사용하지 않고, 그들과 함께 일하겠다는 세 가지 원칙도 이때 가지게 된 것입니다.

박원순 상임이사는 가난이 지독했던 시절, 거지가 대문이 있는 집이면 다 두드려 댔던 그때 바닥이 드러난 쌀독을 긁어 식량을 나눠 주던 경험을 통해 나눔의 가치를 체화했습니다.

그들은 결핍이 자신들의 삶에 얼마나 소중한 영향을 미쳤는지 얘기합니다. 그 시절은 턱없이 모자랐으나 좌절하지 않는 법을 배우기 좋았고, 남들보다 가지지 못했기에 앞으로 채우고 싶은 게 많아 희망적이었습니다. 결핍으로부터 받은 상처는 어렸을 적 무수히 넘어져 깨진 무릎과 비슷했습니다.

딱지가 앉을 새도 없이 또 상처가 났던 그 무릎에는 지금 아무런 상처가 없습니다. 결핍의 상처는 언젠간 말끔하게 아무는, 무릎에 난 피딱지에 불과했습니다. 그렇게 깨지면서도 다시 일어나는 연습을 충분히 한 덕분에 자라서는 웬만한 어려움도 너끈히 견딜 수 있었습니다.

그들에게 결핍은 채우기에 안성맞춤인 장소였습니다. 넘어져도 다시 일어나며 견딜 줄 아는 훈련을 할 수 있었던 요긴한 연습장이었습니다. 그들은 자신 있게 말합니다. 고생을 사서라도 할 수 있다면 그 돈은 하나도 아깝지 않다고 말입니다.

책만 한 스승이 없다

그들은 또 정말이지 대단한 독서가들이었습니다. 가족들이 몇 년 만에 여행을 가서 며칠 동안 책만 읽고 왔다는 안철수 교수의 일화에서 열한 살에 세계문학전집을 다 독파해 버린 이어령 선생님의 이야기까지 우리 시대 멘토들에게는 책에 얽힌 얘깃거리가 많습니다.

이이화 선생님은 책 한 권을 다 보기 위해 이 책방 저 책방을 연신 돌아다녀야 했습니다. 몇 장 넘기기도 전에 주인이 쫓아내 버렸기 때문에 나머지 부분부터 보려고 곧바로 다른 책방을 찾아다녔습니다. 당시에는 책이 적어서 그야말로 닥치는 대로 볼 수밖에 없었습니다. 이이화 선생님은 난독(亂讀)이라도 꾸준히 해 나가다 보면 바른 독서 방법을 스스로 깨우치게 된다고 했습니다.

난독이라면 박원순 상임이사도 빠지지 않습니다. 형과 누나가 많았던 그도 어렸을 때부터 가리지 않고 책을 많이 보았습니다. 형, 누나가 읽던 책을 같이 읽으며 자랐는데, 그 역시 독서력이 쌓이면서 책을 구별하고 고를 수 있게 되었다고 합니다.

이어령 선생님은 어렸을 때 어려운 책을 읽는 데 흠뻑 빠졌습니다. 이해가 안 되는 부분은 상상으로 채워 넣고, 생소한 단어 사이에서는 문맥을 유추해 냈습니다. 이러한 독서법이 상상력을 기르는 데 좋은 훈련이 되었다고 합니다.

그들은 지금도 독서에서 많은 영감을 얻고 있습니다. 여전히 책을 손에서 놓는 일이 없습니다. 아무리 바쁘고 힘들어도 책을 읽을 시간을 어딘가에 감춰 두고 있습니다. 그리고 그들은 훌륭한 저술가들이기도 합니다. 풍부한 독서와 경험을 바탕으로 쓰여진 책은 독자들에게 큰 공감을 불러일으켰습니다.

책보다 더 많이 알고 더 깊이 아는 스승은 없다는 얘기를 많이 듣습니다. 어느 집이고 이 스승을 두지 않은 집이 없습니다. 우리는 알고 보면 가장 가까이 내게 대답을 주는 스승을 모셔 두고 있는 셈입니다. 다만 우리가 그 스승의 표지를 열기 전까지 그들은 침묵할 뿐입니다.

아무 책이고 상관없이 그것을 집어 든 다음 열어 보는 행위. 이것을 여행이라 부를 수도 있습니다. 예로부터 깨달음을 얻기 위해 많은 수련자들이 세상을 떠돌며 여행을 했습니다. 우리에게 책은 우리가 장차 어디로 떠나게 될 것인지 암시해 주는 예언자와도 같다는 것을 잊으면 안 됩니다. 우리 시대의 멘토들 역시 늘 책으로 거듭나는 법을 배워 왔습니다.

인간에 대한 무한한 애정

그들은 역경을 이겨 낸 사람들이 빠지기 쉬운 자기도취가 없었습니다. 오히려 겸손하기 이를 데 없었고 모두 인간에 대한 배려가 몸에 배어 있었습니다. 누구에 대해서든 최선을 다하는 태도와 열정적인 모습은 왜 우리가 그들을 우리 시대의 멘토로 손꼽게 되는지 잘 알게 해 주었습니다.

그들은 늘 감사하는 마음으로 살고 있습니다. 자신이 이룬 것의 순도를 그다지 높게 매기지 않습니다. 100퍼센트 스스로 이룬 것이 아니기에 다시 돌려주어야 한다고 말했습니다. 그들의 사회적 환원이 가장 아름다운 금빛 고리를 만들어 내고 있습니다.

엄홍길 대장은 히말라야 16좌를 모두 오른 뒤엔 평범한 사람들과도 등산의 기쁨을 나누려고 낮은 산을 올랐습니다. 수백 번도 더 올랐을 도봉산을 이제는 장애 청소년들, 많은 학생들과 오르고 있습니다. 그리고 히말라야 고봉을 오를 때 함께했던 셰르파들의 유가족들을 위해 학교를 지으러 다시 네팔에 가기도 하였습니다.

성악가 조수미는 세계 최고의 극장 안에만 자신의 노래를 가두지 않았습니다. 그는 천상의 목소리를 가졌다는 찬사를 받지만 그 목소리는 조그만 소도시의 시민회관에서도 울려 퍼졌습니다. 그는 문화적으로 더 열악한 지방을 정기적으로 찾아다니며 노래를 부르고 있습니다.

안철수 교수는 자신의 개인 주식을 사원들에게 무상으로 나눠 준 것으로 유명합니다. 안철수연구소를 국내 최고의 컴퓨터 백신 회사로 키워 냈지만 그 공로를 오롯이 함께 일한 직원들에게 돌렸습니다. 직접 개발한 국내 최초의 컴퓨터 백신 V3를 7년간이나 전 국민이 무료로 마음대로 사용할 수 있게도 하였습니다. 돈으로 환산하면 그 금액이 얼마나 클지 마이크로소프트를 보면 짐작할 수 있을 것입니다.

김순권 옥수수박사는 미국에서 충분히 잘살 수 있었지만, 수십 배 높은 연봉을 제시한 미국의 종자회사를 뿌리치고 국내에 돌아와 수원 19호를 개발했습니다. 그가 개발한 품종들로 농가 소득이 세 배 이상 늘어났습니다. 그는 아프리카로 건너가 독초에 견디는 오바 슈퍼 1호와 2호를 개발하여 나이지리아를 비롯해 중서부 아프리카 지역의 옥수수 산업을 회복시켜 놓았습니다.

이어령 선생님은 우리 시대 가장 뛰어난 지식인 중의 한 사람입니다. '그러나' 가장 쉽게 만날 수 있는 지식인이기도 합니다. 가장 뛰어난 사람을 가장 쉽게 만날 수 있다는 말에 역접의 접속사가 쓰이는 것에 이의를 다는 사람은 별로 없을 것입니다. 유명해지면 만나기가 더 어려운 거야 당연하지 않느냐고 오히려 반문할 것입니다.

그는 자신을 특별한 자리에 두거나 저만치 물러나 앉지 않았습니다. 대학생들이 부른다면, 청소년들이 부른다면, 농민들이 부른다면, 그 어떤 시민들이 불러도 그는 그들을 찾아가 자신의 이야기를 들려주었습니다. 고상하고 어려운 용어가 아닌 바로 그들이 쓰는 언어로 말입니다. 시민들과 함께 지식과 세상의 이야기를 나누는 것이야말로 인문학의 정신이라는 것을 구현해 보이고 있는 것입니다.

이이화 선생님은 역사학자로 많은 단체를 이끌고 있습니다. 그가 이끌고 있는 단체들은 대부분 근현대사에서 억울하게 희생되고 학살당한 민간인들의 명예를 회복시켜 주는 일을 하고 있습니다. 역사를 연구하는 데서 그치는 것이 아니라 역사의 현장 한가운데서 살아남은 유가족들과 함께 그들의 인권을 손수 회복시켜 주고 있습니다. 지금 사정이 열악한 재단을 운영하기 위해 그는 사재를 털어 넣는 일도 마다하지 않았습니다.

박원순 상임이사는 아름다운재단의 사회적 기업, 아름다운가게를 성공시킨 장본인입니다. 그는 나눔의 삶이야말로 가장 완성되어 있는 삶이라고 보았습니다. 그 역시 변호사로 명예와 최고의 대우를 받으며 편하게 살 수 있었지만, 더 높은 인간 가치를 실현하기 위해 새로운 길로 나아갔습니다. 무엇보다도 그는 누구라도 나눌 것이 있다는 나눔의 정신을 새롭게 함으로써 우리 사회에 기부 문화를 확산시켰습니다.

10년 법칙을 입증한 진정한 아웃라이어들

미국의 경영사상가 말콤 글래드웰은 자신의 저서 『아웃라이어』에서 환경의 중요성을 강조했습니다. 그가 사용하는 아웃라이어의 개념은 성공의 기회를 잘 발견하는 사람을 일컫습니다. 탁월한 능력도 중요하지만 바람직한 여건에서 이루어지는 탁월한 선택 역시 그에 못지않다는 것입니다.

그들은 환경을 적극적으로 활용하고 성공의 기회와 만나는 순간까지 부단한 노력을 기울인다고 합니다. 성공의 기회를 포착하면 그것을 놓치지 않고 움켜쥐어 마침내 자신의 것으로 만드는 사람을 아웃라이어라고 했습니다.

그런데 자신을 에워싼 조건들만으로는 부족합니다. 기회까지 도달하는 데 필요한 게 있습니다. 진정한 아웃라이어들은 대부분 어떤 분야에서든 1만 시간의 법칙을 충족시켰다고 합니다. 즉, 하루 3시간 이상 10년 가까이 되는 시간을 집요하게 매달려 성숙시킨 다음에야 기회가 손에 닿는 거리를 확보할 수 있었다는 것입니다.

그 10년 숙성의 법칙만으로도 우리 시대의 멘토들은 진정한 아웃라이어들입니다. 오히려 그들은 아웃라이어를 능가하는 면모를 더 갖추고 있다고 해도 과언이 아닙니다.

이이화 선생님은 한국인을 위한 가장 대중적인 역사책 『한국사 이야기』를 집필하는 데 꼬박 10년이 걸렸습니다. 그는 10년 동안 22권의 저서를 집필해 한 개인이 저술한 가장 방대한 분량의 한국통사라는 기록을 세웠습니다.

성악가 조수미는 피아노에서 성악으로 전공을 바꾼 뒤 유학 시절을 거쳐 최고의 무대에 데뷔하는 데 꼬박 10년이 흘렀습니다. 데뷔 무대라고는 했지만 시작이 곧 완성인 경우처럼 그는 금세 세계적인 성악가로 각광받았습니다.

김순권 박사가 스트라이가라는 아프리카 독초에 견뎌 내는 신품종 옥수수를 개발하는 데 걸린 시간도 10년이었습니다. 100년이 넘도록 수많은 학자들이 덤벼들었다가 포기하고 만 일이었습니다. 그는 독초의 완전 박멸이 아니라 독초와 옥수수의 공생을 통해 해법을 찾아냈습니다.

어찌 보면 그 10년이라는 시간은 기회에 팔을 뻗어 닿을 수 있는 거리까지 산을 오르듯, 사막을 건너듯, 폭풍의 바다를 건너듯, 밀림을 헤치듯 한 발 한 발 다가가는 것인지도 모릅니다. 그 법칙은 여하튼 더욱 긍정적인 생각을 갖게 합니다. 인생에 세 번은 기회가 온다는데, 그의 이론대로라면 수명을 80년으로 잡고 십대부터 시작한다고 해도 예닐곱 번의 기회와 만날 수 있다는 것입니다. 한편으론 10년 동안 매진해 오지 않았다면 기회를 논하지 말아야 할 것입니다. 그러니까 아직 우리에게 기회는 대기 중인 상태입니다.

두려움 없이 10년의 계획을 세우고 전진하십시오. 결핍마저 가장 훌륭한 조건으로 받아들이고, 한 손엔 꿈을, 한 손엔 책을 쥐고 매진하십시오. 결국 모든 것은 인간의 조건을 개선하는 것으로 귀결될 것입니다. 우리 시대의 멘토들이 그랬듯이 말입니다.

청소년을 위한
마지막 강의

펴낸날	초판 1쇄　　2012년 4월 30일
	초판 2쇄　　2014년 6월 27일

지은이	윤승일
펴낸이	심만수
펴낸곳	(주)살림출판사
출판등록	1989년 11월 1일 제9-210호

주소	경기도 파주시 광인사길 30
전화	031-955-1350　팩스　031-624-1356
기획·편집	031-955-4667
홈페이지	http://www.sallimbooks.com
이메일	book@sallimbooks.com

ISBN	978-89-522-1119-4　03320

책임편집 **이남경**